JN027336

人事労務担当者 の勘違い

あるあるQ&A

誤った法制度理解をしないために

著

特定社会保険労務士
露木利行

社会保険労務士
横山要範

第一法規

は じ め に

　働き方が多様化し、人事労務担当者様の業務が今まで以上に複雑になってきています。法律に則った正しい方法と思い処理をしたことが、違っていた経験はないでしょうか？また、さまざまな情報を手に入れやすくなった現代では、従業員が自らＷＥＢ等で情報を収集し、法改正について人事労務担当者様が教えられることも珍しくなくなりました。人事労務担当者様は、働き方改革が進む中、日々関わる法律等の対応に追われ、今後ますます業務量が多くなることが予想されます。人事労務担当者様が適正な法律を理解し、人事労務管理をすることで、すべての従業員が仕事を通して人生の幸せや喜びを感じることができる職場となることと思います。

　本書では、社会保険労務士が会社から実際に相談をお受けした中で、人事労務担当者様がよく勘違いをされているポイントをＱ＆Ａ形式でまとめました。勘違いされているポイントから問題の解決策、解決することによるメリット、そして運用する際のポイントまでの４項目をＱ＆Ａごとに書いています。また、キーワードごと、業種ごとにＱ＆Ａをまとめているので、必要なページのみをご覧頂くことも可能です。

　人事労務担当者様が対応に困ることがあった際に本書をお読み頂き問題解決の選択肢の一つとして頂ければ幸いです。

　最後になりましたが、本書の執筆にあたり第一法規株式会社出版編集局佐藤浩徳様をはじめお力添えを頂きました皆様に心より御礼を申し上げます。

令和3年1月

社会保険労務士法人Sunny Job Design
　　　　　特定社会保険労務士　　露木利行
　　　　　社会保険労務士　　　　横山要範

人事労務担当者の勘違い **あるあるQ&A** 誤った法制度理解をしないために

第2章 賃金について　　　　　　　　　　　　　　　51

第3章 退職について 93

第4章 社会保険について   123

第5章　建設業に多い質問について　　151

第8章 飲食業に多い質問について　　237

第1章 労働時間・休日について

　2019年4月から段階的に施行されている働き方改革関連法では、会社で労働時間を客観的な方法により把握しなければならないことになりました。今まで中小企業では、始業または終業の時刻を客観的な方法により管理できていない企業もありました。たとえば、働き方改革関連法では出勤簿に印鑑を捺印し、出勤したことだけを管理する方法では客観的な方法による時間把握をしていないことになります。働き方改革関連法だけでなく労働時間・休日については、理解しなければならない点も多くあります。

　中小企業の人事労務担当者が労働時間・休日制度に関して、よく見受けられる勘違いについては下記の4点があげられます。

1　1カ月単位の変形労働時間制と1年単位の変形時間制度の混在運用
2　労働時間と休憩時間の取扱い
3　労働時間把握のための方法
4　年次有給休暇に関する取扱い

ここでは上記の1、2について解説します。

1 1カ月単位の変形労働時間制と1年単位の変形時間制度の混在運用

(1)　変形労働時間制についての勘違い

　人材不足により、多様な働き方が増え、今までにない勤務形態を取り入れたことが原因で複雑になっていると考えられますが、当然すべての従業員の時間管理については正確に理解しておく必要があります。

　たとえば1カ月単位の変形労働時間を採用している企業で、「当社で

は1年単位の変形労働時間制を採用しています。」という返答を頂くことがよくあります。なぜ勘違いをしてしまったのか？それは、1年間のカレンダーを作成していることで、1カ月毎に労働時間を管理しているにも関わらず勘違いをしてしまっているのです。異なる制度で運用していると、労働時間や休日日数の集計のしかたが変わりますので、賃金の未払いが発生します。

⑵　変形労働時間制の勘違いの解決策

　労働基準法の原則である1日8時間、週40時間、1カ月単位の変形労働時間制や1年単位の変形労働時間制について、それぞれどのような勤務の場合運用しやすいかをまず理解することです。労働時間の管理方法の特徴は次のとおりです。

時間管理方法	運用に適している勤務
1日8時間、週40時間	・1年間を通して週5日勤務が続く場合 ・1日労働時間が8時間以内で1週間の労働日数が少ない場合
1カ月単位の変形労働時間制	・月末や月初、土日祝日など1カ月の中で特定の期間、もしくは特定の曜日に業務が集中する場合
1年単位の変形労働時間制	・1カ月を超える期間で繁忙期と閑散期がある場合 ※1年間の中で夏場の7月〜9月に業務が集中し、冬場は閑散期となる等

　次に変形労働時間制の導入時に必要な手続きを理解して下さい。変形労働時間制の手続きは次のとおりです。

時間管理方法	運用するための手続き
1カ月単位の変形労働時間制	1　就業規則を作成している場合、就業規則への記載 　　就業規則を作成していない場合、労働基準監督署へ協定届を届出 2　1カ月間のシフト表を対象となる月の前日までに従業員へ通知
1年単位の変形労働時間制	1　対象期間のカレンダー、労使協定、協定届を労働基準監督署へ届出 2　対象期間の最初の期間の労働日および労働日ごとの労働時間を定める。 3　最初の期間以外は初日の30日以上前までに労働日および労働日ごとの労働時間を定める。

　なお、変形労働時間制では、事前に通知された労働時間を超えて労働した場合、その時間については時間外労働となります。

(3)　変形労働時間制の勘違いを解決するメリット

　適正な労働時間、休日日数の管理により、未払い賃金が発生しなくなります。従業員に適正な賃金が支払われることは、労使トラブルを未然に防ぐ一番重要なポイントです。

(4)　変形労働時間制を人事労務管理に反映させるには

　変形労働時間制を知らない従業員は多いです。労働基準法の原則である1日8時間、週40時間との違いを説明することが必要です。

2 | 労働時間と休憩時間の取扱い

(1)　労働時間として取り扱う時間、休憩時間として取り扱う時間についての勘違い

　就業規則に記載されている始業時刻から終業時刻までの間で定められた休憩時間を除いた時間を所定労働時間として、所定労働時間を超えて労働した場合、時間外労働として集計すればよいと思われている方も多

いと思います。しかし、運用上は複雑なケースが多いです。

　たとえば、始業時刻前から業務を行っているにも関わらず、始業時刻以降でないと労働時間として集計されていないことがあります。

⑵　労働時間として取り扱う時間、休憩時間として取り扱う時間に関する勘違いの解決策

　就業規則等で定められた始業、終業の時刻と休憩時間を客観的な方法で適切に把握し、その上で指揮命令の上で行われた業務時間と業務に関係のない作業をしている時間を明確にすることが必要です。

　厚生労働省の「労働時間の適正な把握のために使用者が講ずべき措置に関するガイドライン」には始業、終業の時刻と休憩時間の客観的な方法として次の方法が明記されています。

　①　使用者が、現認した時刻を記録する。

　②　タイムカード、ICカード、パソコンの使用時間のデータを基に時刻を確認し、記録する。

⑶　労働時間・休憩時間として取扱う時間に関する勘違いを解決するメリット

　賃金の未払いが発生しなくなるので労使のトラブルの可能性を減らすことができます。また、社内で今までにない労働時間の線引きをするわけですから、従業員へ労働生産性について意識を高めてもらえるきっかけとなります。

⑷　労働時間として取り扱う時間、休憩時間として取り扱う時間を明確にするためのポイント

　従業員に現在の業務の状況を確認し、業務時間をなぜ明確にしなければならないのか、具体的な目的を説明してから運用を始めて下さい。説明なしに進めると従業員の中には必要以上に管理をされていると思われる方もいますので注意が必要です。

始業時刻より1時間以上早く会社に出社しタイムカードも打刻している従業員がいます。労働時間として計算しなければなりませんか?

1・勘違いしているポイント

　従業員がタイムカードを打刻してあったとしても始業時刻から労働時間として集計をすればよいと思われている人事労務担当者も多いと思います。確かに出勤して、新聞を読んだりコーヒーを飲んだり業務と関係がないことをしているのであれば問題ありませんが、上司等の指揮命令の上で作業をしている場合は労働時間として集計しなければなりませんので注意が必要です。指揮命令の上での作業とは、たとえば次のような内容のことです。高齢の従業員が毎日朝早く目覚めてしまい、始業時刻より早く出社しタイムカードを打刻した。高齢ということもあり、のんびりと仕事がしたいのでタイムカード打刻後すぐに作業に取りかかっていた。このような事実を知っていた上で作業をさせていたのであれば指揮命令の上で行われた作業、すなわち労働時間として取り扱われます。

　ここで問題となってくるのが、事務系の仕事で従業員が出社しパソコンを起動させた場合です。パソコンを起動した時刻で勤怠管理をしている会社も存在しますが、出社してから始業時刻まで業務に関係ない情報をネットで閲覧しているケースも多くあります。労働時間の適切な把握は客観的な方法を根拠にしなければいけないことになっていますが、従業員の出社後の実態を把握した上で、適切な把握をするための客観的な方法を決め運用する必要があります。

2・問題に対する解決策

　人事労務担当者としては、まず、出社時刻と始業時刻を明確に区別す

るための基準を作成することが必要となります。先程の例だけでなく出社時刻が早くなることは、交通事情等理由も多くありますので実態の把握が必要です。社内的に早く勤務先に到着すること自体が問題とならないのであれば、始業時刻前には絶対に作業をしないように指導する必要があります。ただし、業務開始前に準備が必要な業務であれば、必要最低限の人数のみ準備要員として始業より前の時刻から業務を開始させる必要があります。事務系の仕事でパソコンを起動させるタイミングの管理は、始業時刻と同時に起動する等、定める必要があります。業務開始前の電話対応を留守電でなく、従業員が応対をしているような場合、準備要員として電話応対をする人のパソコンは○○時○○分に起動する等の具体的な時刻まで定めることで運用はスムーズに進みます。

3・問題を解決することによるメリット

　まず、解決策を運用し続けると始業時刻前の労働に対する賃金の未払いが発生しなくなるので労使のトラブルの可能性を減らすことができます。次に、社内で今までにない労働時間の線引きをするわけですから、従業員へ労働生産性について意識を高めてもらえるきっかけとなります。従業員がどのような働き方をしているかを集計し可視化することで、現在効率よく業務を進めている従業員がどの時間に何をしているかがわかります。これを基に、働き方改革を進める上で重要な生産性を向上させる方法が一つ把握できます。

4・人事労務管理制度に反映させる上でのポイント

　始業時刻を今までどのように管理していたかにより、従業員への説明は大きく変わります。今までの勤怠集計方法について知らない従業員がほとんどだと思います。しかし、集計方法が変更されることに不安を感じる方も出てくると思います。人事労務担当者としては不安を解消でき

るような説明をすることがとても重要です。まず、タイムカードを基に始業時刻前であっても賃金を支払っていた場合は、次のように話をして下さい。「今後、始業時刻前の労働時間を正確に把握し、今後の事業展開を検討したいと考えています。賃金を適正かつ公平に支給したいので、始業時刻前の時間集計方法を変更します」。また、始業時刻前の時間を一律に労働時間として集計していなかった場合は、次のように話をして下さい。「今後、始業時刻前の労働時間を正確に把握し、労働した時間については当然賃金を支払います。緊急性のない業務は始業時刻が過ぎてから開始して下さい。」 労災の発生確率が高い建設・製造業の場合、「万が一事故が起きた場合、労災の発見が遅くなる可能性があるので、絶対に始業時刻が過ぎてから業務を開始して下さい。」

Q2 タイムカードの打刻を忘れた従業員の労働時間は、会社で決めてよいですか?

1・勘違いしているポイント

打刻を忘れる従業員が悪いのだから会社で労働時間を決めてよいのではないかとお考えの人事労務担当者も多くみられます。厚生労働省が「労働時間の適正な把握のために使用者が講ずべき措置に関するガイドライン」で示しているタイムカードを導入している会社の労働時間の管理は、そもそもタイムカードの記録を基礎として確認し、適正に記録することとされています。タイムカードやICカード、勤怠管理アプリ、パソコンのログなど客観的な記録をとることができる機械は多くあります。しかし、機械で管理する以上故障等で適正に労働時間が把握できないことも想定されます。打刻忘れをした日は、一律に定時で退社したこととするといった一方的に労働時間を会社で決める取扱いは問題です。

2・問題に対する解決策

労働時間の確認等の作業をせずに一方的に決めることが問題なだけで、人事労務担当者や上司と共に実際に従業員が出勤や退勤をした時間を確認し、タイムカード等に手書きで記入し労働時間を決定していくことができれば問題にはなりません。タイムカードの打刻忘れの問題を改善するにはまず、就業規則で手続きの流れを明確にすることが必要です。たとえば、打刻忘れがあった場合、タイムカードの修正申請書を作成し、所属の部署の責任者に提出し修正申告する等の、具体的な手続きの流れを決めておくと運用がスムーズに進みます。

自社でタイムカードの打刻忘れが多いのであれば、勤怠管理方法の見

直しが必要となります。まずは、打刻忘れが起こる原因を追究する事が必要です。出社して業務に就くまでの動線上にタイムカードがあるのか等を検証して下さい。その結果を基にタイムカードの置き場所から再考をし、必ずタイムカードで打刻することが業務の一環となるよう設定します。次に、現在使用している勤怠管理の方法が自社に合っているのかを検証して下さい。勤怠を記録する方法にはICカード、勤怠管理アプリ、パソコンログによる勤怠記録、通用口のキーと連動して会社に入ると自動的に勤怠を記録するシステムなど、さまざまなものがありますので、自社に合ったものを導入して下さい。

3・問題を解決することによるメリット

タイムカードの打刻忘れを防止する対策をとることにより、会社では正確な労働時間を把握できるようになり、日々の従業員の業務量や業務の進捗状況確認にも活用できます。さらに、正確な労働時間をデータ化することにより業務の効率化にも繋げられます。

4・人事労務管理制度に反映させる上でのポイント

人事労務担当者としてタイムカードの打刻忘れを処理することは、面倒な作業だと思います。しかし、従業員も同じように面倒な作業だと思っています。勤怠管理を、円滑に処理ができるようにすることは、人事労務担当者にも従業員にもメリットがあることです。従業員にも理解を得て、勤怠管理から職場環境の整備に繋げて下さい。

Q3 終業時刻を過ぎ、自身の業務は終わっているが、友達（同僚）を待っている従業員がいます。労働時間として計算しなければなりませんか?

A ....

1・勘違いしているポイント

　終業時刻が過ぎてもタイムカードなどの記録をせず、数分間業務をする場所に止まっている従業員は多くいます。同僚を待っているケースや業務が終了し休憩をしているなどさまざまな理由があります。勤怠の集計作業をする際にタイムカードの打刻時間を基にすべてを労働時間として集計しているケースが多く見受けられます。

　厚生労働省が「労働時間の適正な把握のために使用者が講ずべき措置に関するガイドライン」で示している始業終業時刻を適正に把握する原則的な方法は次のとおりです。

① 　使用者が、自ら現認する事により確認し適正に記録すること。

② 　タイムカード、ICカード、パソコンの使用時間の記録等の**客観的な記録を基礎として確認し、適正に記録すること**。

　厚生労働省のガイドラインでも、「**客観的な記録を基礎として確認し、適正に記録すること**」とされていて、記録されている時間をすべて労働時間として集計をして下さいとは記載していません。終業時刻後の業務を遂行していない時間を労働時間として集計することは、正確な賃金の支払いができないだけでなく、従業員に対して公平な労働条件となっていないため、業務終了後適正にタイムカード等の打刻をする従業員からすると、そうでない従業員に対して不満を持ち人間関係が悪化することが考えられたり、対応をしない会社に対して不満を持つことにも繋がります。また、同僚の終業を待っているケースでは、業務を終了させるための作業を担当でない者が手伝うケースがあります。担当でない者が作

業をすることで思わぬ労災事故にも繋がります。

2・問題に対する解決策

　終業後、タイムカード等の時間を記録するまでの手順を明確に決め、次に従業員に周知を徹底し適正な運用ができるようにすることです。

　具体的には次の4つのことに取り組んで下さい。

① 　残業をする従業員と所定労働時間で終業となる従業員を明確にするために、残業が必要な従業員は事前に残業をする旨を上司等に報告する取組みを行う。

② 　終業時刻となったことを伝えるためにアナウンスや合図を送る。

③ 　終業時刻後、自身の業務を終えた者からタイムカード等の記録をする。

　　※タイムカードの設置場所は業務を終了してからの動線を考え検討して下さい。

④ 　上記で決めた内容を従業員が理解できる形にまとめ周知する。

　　※運用後、実施ができない従業員に対しては上司等がその都度指導を行う体制を取って下さい。

　上記の4点に取り組むことで、タイムカード等で記録されている時間は実際に業務をしている時間に大きく近づきます。このデータを基に人事労務担当者がイレギュラーな対応の確認をすれば適正な労働時間の集計が可能となります。

3・問題を解決することによるメリット

　労働時間を適正に把握することは、会社が不必要な賃金を支払うことを是正できるだけでなく、従業員の労働条件を公平にすることができ、従業員の間でのトラブルや労使との間でのトラブルも減らすことができます。また、思わぬ労災事故の発生リスクも軽減できます。

4・人事労務管理制度に反映させる上でのポイント

　労働時間の適正な把握は大切です。しかし、従業員が友達を待っているような場合は、従業員には問題となる行動をしているという意識はありません。業務終了の手伝いをしているのであれば、よかれと思って手伝っているのですからなおさらです。タイムカード等の記録の方法を従業員に説明する際には、「適正な賃金の支払い」、「労働条件を公平にする」、「労災の防止」この3点が目的であることを説明し理解を求めて下さい。

Q4 従業員が休憩時間以外にたばこを吸いに行きます。 労働時間から控除して問題ないですか?

A ·················

1・勘違いしているポイント

　労働時間とは、タイムカード等で記録をされている時間のことではありません。タイムカード等に記録されている時間をすべて労働時間として集計していることは多いです。しかし、労働時間は、労働者が使用者（会社）の指揮命令下に置かれている時間のことです。

　今回のタバコを吸う行為は特別な事情がない限り労働時間として考えるのは難しいので、労働時間から控除することは問題ありません。特別な事情としてはたとえばお客様が会社に来社され、タバコを吸いたいとの要望があり、指定の喫煙場所に付き添って喫煙したような場合です。所定の休憩時間以外に喫煙をすることを認めていると、喫煙をしない従業員からの不満が多く出ます。喫煙をしない方からすると、所定の休憩時間以外にも少しだけの時間であれば業務をしない時間があっても問題ないと勝手に解釈する方もいます。

2・問題に対する解決策

　健康増進法ではそもそも会社の敷地内の禁煙が求められている業種があります。まずは確認頂き、その上で喫煙についてのルールを明確にし、就業規則等に記載して従業員に周知することが必要です。就業規則等に定めることをお勧めするのは次の3点です。

① 　喫煙を認める時間

　　（・始業時刻前・終業時刻後・所定の休憩時間など）

② 　喫煙を認める場所

（・会社が指定する場所・会社の敷地内の喫煙は禁止など）

③　社用車で移動中の喫煙

（・運転中・停車中・車内での喫煙禁止など）

④　加熱式たばこの取扱い

（・同様の取扱いとする・特例を設けるなど）

　上記を明確にした上で、周知が必要ですが、ミーティング等で伝えたり、文章を交付するだけでは時間がかかるので、禁煙の場所を周知するときのように下記のような一目でわかる資料を掲示することをお勧めします。

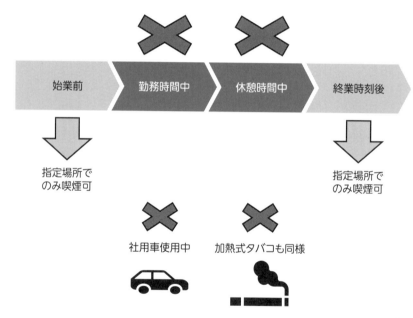

3・問題を解決することによるメリット

　喫煙時間の問題を解決することにより、公平な労働時間管理ができ喫煙をしない従業員からは会社として適正に対応をしてくれたと評価されます。また、休憩時間を、勝手に解釈してしまっている従業員に対して

は、業務と関係のないことは休憩時間内にすることを徹底するように指導をすることができます。

4・人事労務管理制度に反映させる上でのポイント

　喫煙される方からすると、今までできていたことが急にできなくなるので、不便を感じる方も多いと思います。目的を十分に説明し、導入には一定の期間を設けて運用を始めることをお勧めします。喫煙のルールを守らせるのではなく健康を維持するための取組みとして、従業員に対して禁煙を勧めることも一つの方法です。禁煙することを推進する場合には、禁煙者には禁煙手当等の手当を毎月支給している企業もあります。また、喫煙されない方で、休憩時間が曖昧な認識となっている方に向けては、労働時間と休憩時間の違いを説明し今までの認識が違うようであれば是正してもらえるように指導をして下さい。喫煙行為について就業規則等に明記をしたり、上記のような図を用いて周知することは可能ですが、休憩時間の取扱いが曖昧となってしまった状態が慣習化しているのであれば、是正するまでには時間がかかりますので、業務と関係のないことをしている時間は労働時間ではないという基本を基に指導を続けて下さい。

Q5 忘年会、新年会、新入社員の歓迎会、ランチミーティングの時間は労働時間として扱うべきですか?

1・勘違いしているポイント

　会社の福利厚生行事としての忘年会や新年会、従業員間のコミュニケーションを円滑にすることを目的にした飲食をしながらのミーティング等はどこの会社でも開催していると思います。これらの社内行事を一律に福利厚生の行事として労働時間として集計していない会社や反対に一律に労働時間として集計している会社もあります。この問題に対して正しく対処するには、労働時間の正しい定義を理解しなければなりませんが、定義を理解した上で各会社の行事の取扱いを決定していないケースが見受けられます。各行事の労働時間の取扱いが誤っていると、どちらの選択をしている会社も問題が発生します。一律に福利厚生の事業として運用している場合で、労働時間として取り扱わなければならない状況があるのであれば、当然賃金の未払いが発生し、労使トラブルになる可能性があります。逆に社内行事を一律に労働時間として取扱いをしている場合では、行事が業務であるため上司等からの指示に対してどのように対応したらよいか判断に困ることが多くあり、ハラスメント等の問題が発生する可能性があります。

2・問題に対する解決策

　労働基準法では使用者の指揮命令下におかれている時間を労働時間と定義しています。この定義を基に各行事のよくあるパターンをまとめます。

　労働時間として取り扱うべきか否かは明確な答えを伝えることが非常

に難しい問題ですが、会社で労働時間の定義をどのように解釈し、各行事をどのように取り扱うかを検討することは重要です。

忘年会・新年会	
目的	・1年間の慰労 ・新しい1年に向けての決意共有 ・従業員同士の交流など
業務に関連する具体的な設え	・1年間の功労者の表彰 ・1年の決意発表など
出席の義務	雇用形態により異なる取扱いをする会社がある

　忘年会・新年会では、業務に関連する具体的な設えがされているケースが多くあります。業務に関連する内容が多く、必ず出席しないといけないことになっている、または出席を任意としているが正社員については実質的に欠席することができない等の状況であれば、労働時間として取り扱うべきとなります。

歓送迎会	
目的	・異動者や退職者への慰労 ・新入社員や異動者とのコミュニケーションの円滑化など
業務に関連する具体的な設え	・自己紹介 ・部署や課の紹介　など
出席の義務	雇用形態により異なる取扱いをする会社がある

　会社の従業員規模にもよりますが、歓送迎会の予定が数カ月前から決まっているケースはまれで、そのため業務の都合やプライベートの都合で出席できない方も多くいます。業務に関連する設えも、自己紹介程度ですので指揮命令下におかれているという定義に関してはとても限定的になり、労働時間か否かの判断が難しくなります。

ランチミーティング等の飲食を伴う会議	
目的	・業務の進捗報告や問題点の意見交換 ・従業員同士の交流など
業務に関連する具体的な設え	業務内容等を発表
出席の義務	非正規社員も含め強制とする場合が多い

　ランチミーティング等の飲食を伴う会議は、業務の進捗状況の報告から問題点の共有を、いつもとは違う食事を一緒に摂るという環境により行うことで新たな問題解決方法を考えるというような従業員同士の交流といった要素以外の目的が含まれることが多いです。また、出席を強制することがほとんどでこのような場合には、労働時間として取扱いをするべきです。

　このように、通常よくある社内行事も目的等を細分化することで、指揮命令下にある労働なのかを判断する材料となります。

3・問題を解決することによるメリット

　従業員の中で社内行事に対する考え方は、近年大きく変わっています。社内での考え方を明確にすることは、未払い賃金の問題を解決でき、また、ハラスメント問題の発生も少なくすることができます。

4・人事労務管理制度に反映させる上でのポイント

　従業員が業務を離れて交流することや、環境を変えてミーティングを行うことは、会社を運営していく中で必ずプラスになります。しかし、従業員の中には、このような取組みに関して消極的な方もいます。多くの従業員から意見を聞き会社毎のベストな方法を時間をかけて探していくことが重要です。

給与から積立した資金で行く社員旅行は労働日として取り扱わないといけませんか?

1・勘違いしているポイント

　労働日なのか否かは、使用者の指揮命令下におかれている時間であるのかということになります。社員旅行では、所定労働日から所定休日に渡る数日間で予定される場合が多いです。

　所定労働日に行われる日程であれば労働日として取扱いをしますが、一方で旅行に参加されない従業員の給与から欠勤控除をしていないケースや、所定休日にあたる日程に対して割増賃金が支払われていないケースが多く見受けられます。社員旅行が福利厚生としての要素が強く、使用者の指揮命令下におかれている時間がないのであれば問題ありませんが、社員旅行の行程から確認が必要です。当然、労働時間として考えなければならない使用者の指揮命令下におかれている時間が大半を占めている場合は、未払賃金が発生し、従業員の福利厚生としてよかれと思って取組んだものの、かえって従業員との紛争の原因を作ってしまうことになります。

2・問題に対する解決策

　社員旅行の目的、具体的な行程から、福利厚生の要素がほとんどなのか、もしくは使用者の指揮命令下におかれる時間が多いのかを調べ、その上で社員旅行に関する定めを明確にすることが重要です。下記に社員旅行の行程を検証するためのポイントを具体的な例を上げて説明します。

■旅行のスケジュール等の例1

・所定労働日　月曜日～金曜日・所定休日　土曜日・法定休日　日曜日

目的	・さまざまな文化に触れ新たな発想に繋げる ・社員間の交流
具体的な行程	金曜日～土曜日の2日間 ・オーケストラの鑑賞 ・落語の鑑賞 ・演劇鑑賞
集合場所および交通手段	会社からバス
従業員の家族の参加	参加できない
費用の負担	積立金以外の費用負担なし
途中参加および途中離脱	原則できない
自由行動時間	夕食後

　上記のような行程の場合、業務に繋げるための文化的な内容が多く、当然使用者が旅行に参加していれば業務の話になることが予想されます。また、交通手段も指定されており指揮命令下におかれている時間が多いと考えられ、慰安旅行というよりは研修の要素が強くなっています。このような行程であれば、参加を強制しなくても労働日として検討する必要があります。

　労働日として取り扱うべきか否かは明確な答えを伝えることが非常に難しい問題ですが、取扱いの一例を挙げます。

■旅行のスケジュール等の例２

・所定労働日　月曜日～金曜日・所定休日　土曜日・法定休日　日曜日

目的	・従業員間および従業員の家族間の交流
具体的な行程	金曜日～日曜日の３日間 ・リゾートホテルに宿泊し、バーベキュー
集合場所および交通手段	基本的に現地集合 希望者は会社からバス
従業員の家族の参加	希望者は可能
費用の負担	家族が参加する場合のみ積立金以外に追加で負担金有り
途中参加および途中離脱	可能
自由行動時間	１日目の夕食バーベキュー開催時以外

　このスケジュールでは、従業員間の交流や従業員の家族間の交流をメインとし、行程の大半が自由行動で、使用者の指揮命令下におかれている時間は限定的です。

　この場合、社員旅行を労働と考えるのではなく福利厚生のイベントとして取り扱うことを検討するべきです。

　スケジュール１と同じように取扱いの一例を挙げます。

　積み立てした資金を基に会社が補助し実施するのだから、福利厚生のイベントと決めてしまうのではなく旅行の行程や目的、参加対象者などの状況を確認した上で、その都度判断をするべきです。そして、その判断した内容を旅行の前に従業員に周知することが必要です。

3・問題を解決することによるメリット

　社員旅行の行程から、労働日か否かを事前に決めることにより、参加した従業員から研修と変わらないので、賃金を支払ってほしい等、賃金の支払いに関するトラブルがなくなります。また、なぜ社員旅行に参加しなければならないのかと思っている従業員に対して目的を伝えることは、不満の解消となります。

4・人事労務管理制度に反映させる上でのポイント

　過去の社員旅行はどのような対応をしていたのかを調べた上で、変更点があれば説明をする必要があります。労働日としてではなく実施するようであれば、参加の自由をしっかりと確保し参加しないことに対しての批判がないように運営することが重要です。

公共交通機関の遅れで遅刻した場合と、マイカーで通勤し事故渋滞で遅刻した場合とでは、取扱いを同じにしなければなりませんか?

1・勘違いしているポイント

　始業時刻に遅れるケースはさまざまなことが原因で起こります。公共交通機関で通勤している場合は、災害や事故等で遅延が発生し、やむなく始業時刻までに出勤できない事態となります。この場合は、鉄道会社等から遅延理由書が発行され不可抗力での遅刻であることの証明をすることができます。一方で、マイカーや自転車での通勤の場合、同じように交通渋滞や事故により始業時刻までに出勤できないことがありますが、公共交通機関を利用して通勤している場合と異なり、渋滞していたことを証明できる書類はありません。このような現状から、公共交通機関の遅れによる遅刻に対しては、証明書がある場合に限り、やむを得ない事情による遅刻として取扱い、勤怠控除をしない会社が多く見受けられます。この取扱いは、通勤手段により労働時間の算定が違い公平な取扱いでないため労働者から不満が出ます。遅刻回数を昇給や賞与の算定基準に入れている場合、賃金額にも影響が出るため、最悪の場合この取扱いがきっかけとなり離職を選択する従業員もいます。

2・問題に対する解決策

　公共交通機関を利用して通勤した場合も、マイカーや自転車で通勤した場合も労働の提供がなかったことには違いがありません。始業時刻に遅れ、労働ができなかった時間は当然労働をしていないわけですから、賃金が発生しないことになります。まずは改めて本来は賃金が発生しない時間であることを理解した上で、やむを得ない事由とはどのようなこ

とかを検討する必要があります。一見自然災害で、遅刻するのもしかた
ないと判断するような場合でも、始業時刻前に出勤されている方もいま
す。やむを得ない事由とはどのような事態なのかをその都度検討する必
要があります。検討する際には、さまざまな状況、さまざまな通勤手段
を考慮して検討する必要があります。そして検討方法をまとめ就業規則
等に定め、従業員に周知をすることにより問題は解決できます。やむを
得ない事由を判断する際の検討方法の一例を挙げてみますので参考にし
て下さい。

① 原因

　　※台風や大雨や地震等の自然災害、交通事故による渋滞、交通機関
　　　の運行停止など

② 原因となった問題が過去に起きた頻度

　　※1年に1回など

③ 原因となった問題を自身で回避できる方法

　　※天候が荒れる予報であればいつもより早く出勤する、問題があっ
　　　た場合の迂回路を考えておくなど

④ 証明できる資料の有無

　　※遅延証明、事故証明

3・問題を解決することによるメリット

　通勤手段による、やむを得ない事由の取扱いが公平になることにより、
従業員の不満はなくなります。始業時刻から勤務している従業員からす
ると、少しの遅刻であっても数回続くことにより、その従業員に不信感
を持ちます。この点についても、会社の判断の基準を明確にすることで
不信感を持つことが少なくなり、人間関係が悪くなることを防止します。

　また、昇給や賞与の人事考課に遅刻回数が影響する場合の公平な人事
考課となり、人事考課が適正でないことによる離職の防止につながりま

す。

4・人事労務管理制度に反映させる上でのポイント

　やむを得ない事由の判断基準を就業規則等に定める際には、従業員へ十分な説明をすることをお勧めします。公共交通機関で通勤している従業員からすると、今までとおり遅延証明があればやむを得ない事由として認めればよいのではないかと思っている人もいます。マイカー通勤をされている方からすると、やむを得ない事由を自分に都合のよい解釈をする人もいます。会社として決めた判断基準は、従業員の労働時間を公平に判断するためのものである旨を説明して理解を得るようにして下さい。

Q8　年次有給休暇を毎年全部消化する従業員がいます。他の従業員とのバランスを考え有給休暇の消化を減らしてもらうことはできますか？

1・勘違いしているポイント

　年次有給休暇を10日以上付与する労働者に対して会社が5日間時季を指定して取得することが義務付けられることとなり、現状で有給休暇の消化ができている従業員とそうでない従業員との差に問題を感じている会社は多いです。今までの有給休暇を取得していない従業員に対して、5日は有給休暇を取得させるのだから、有給休暇を毎年すべて取得しているような従業員に対して、従業員の間で有給休暇の取得率のバランスをとるために有給休暇の取得日数の調整をお願いするぐらい問題はないとお考えの人事労務担当者がよく見受けられます。年次有給休暇を与えることは会社の義務であり、取得は従業員が指定する時季に与えなければならないとなっています。年次有給休暇の取得を申し出ることを会社はお願いだと思っていても従業員からすると、会社から調整をお願いされると年次有給休暇を取得してはいけないと思い、従業員が労働基準監督署等に申出を行い会社が行政指導を受けたり、また退職後に年次有給休暇を取得させてもらえなかったことについて紛争となる場合があります。また、紛争にまでならないにしても、従業員の会社に対する不満が高まり離職者の増加等の問題が出てきます。

2・問題に対する解決策

　年次有給休暇は、従業員の請求があった場合、消化させないといけません。また、年次有給休暇を10日以上付与する労働者に対して会社が5日間、時季を指定して取得させないといけません。今回のようなケー

スであれば、年次有給休暇をあまり取得ができていない従業員を基準に
して、取得ができている従業員の取得日数を調整しようとしたことが大
きな問題です。これを、逆に取得ができていない従業員にいかに取得を
促すかを考えれば問題が解決します。その為には、年次有給休暇日数お
よび制度を改めて正確に理解することが重要です。

　まず、年次有給休暇の基本的な付与日数について確認して下さい。入
社後、6カ月間の全労働日の8割以上を出勤した場合に10日の年次有
給休暇を与えることになり、その後は図のとおりとなります。

勤続年数	1年6カ月	2年6カ月	3年6カ月	4年6カ月	5年6カ月	6年6カ月以上
付与日数	11日	12日	14日	16日	18日	20日

　次に所定労働時間が週30時間未満かつ週所定労働日が4日以下また
は年間の所定労働日数が216日以下の労働者には所定労働日数に応じて
付与されます。

週所定労働日数	年間所定労働日数	勤続年数						
		6カ月	1年6カ月	2年6カ月	3年6カ月	4年6カ月	5年6カ月	6年6カ月以上
4日	169～216日	7日	8日	9日	10日	12日	13日	15日
3日	121～168日	5日	6日	6日	8日	9日	10日	11日
2日	73～120日	3日	4日	4日	5日	6日	6日	7日
1日	48～72日	1日	2日	2日	2日	3日	3日	3日

　年次有給休暇の取得を促す中で、ポイントは太線で囲んだ10日以上
付与している従業員すなわち、会社が時季を指定して付与しなければな
らない対象者です。具体的に時季を指定して取得させなければならない
従業員とは次のとおりです。
　①　労働者が自ら取得した年次有給休暇日数が4日以下
　②　労働者が自ら取得した年次有給休暇日数と計画的付与で取得した
　　　日数の合計が4日以下

　上記に該当する従業員には、時季を指定して年次有給休暇を取得させる義務があります。

　この場合、就業規則への記載が必ず必要です。

　次に、年次有給休暇の取得を従業員に促す方法としては、計画的付与があります。計画的付与は、労働者が自ら請求できる日数を最低5日残し、それ以外を会社が計画した日に取得する方法です。この方法を採用するには従業員等の代表者と労使協定を結ばなければなりません。

　年次有給休暇の取得を促すための取組みポイントをまとめると下記のとおりです。

① 　時季指定対象者の精査

② 　計画的付与の採用の検討

　この取組みを実施し、取得できていない従業員に取得を促し社内での取得率のバランスを取って下さい。

3・問題を解決することによるメリット

　会社が年次有給休暇を取得させてくれないと思う従業員がいなくなることで、年次有給休暇に関する労使の行き違いがなくなります。また、会社全体の取得率を上げることで、従業員の会社に対する満足度が向上しますので、離職率を下げる一つの要因となります。

4・人事労務管理制度に反映させる上でのポイント

　年次有給休暇の取得率を上げる取組みを進めると、過去に付与をした年次有給休暇で2年が経過し時効で消滅してしまった分の取扱いについて従業員から質問が出ます。その際には、就業規則等の記載を基に制度を説明して下さい。また、取組みを開始してもすぐに年次有給休暇の取得率を上げることは難しいです。継続的に取得率の検証を行うことが重要です。

Q9 振替休日と代休は違いがありますか？

A ....

1・勘違いしているポイント

　業務の都合で、所定の休日に労働しなければならない状況はよくあります。この場合の処理として3つの方法があります。

① 休日労働として処理する。

　※36協定の締結が必要

② 振替休日として処理する。

　※就業規則等への記載が必要

③ 代休を与え処理をする。

　※就業規則等への記載が必要

　休日労働として割増賃金を支給する処理を理解している人事労務担当者は多いです。しかし振替休日と代休となると呼び方の違いと勘違いされている方も多く、定義を正しく理解している方は少ないです。振替休日と代休の違いが理解できていないと、割増賃金の計算が適正にできず、未払い賃金が発生し労使トラブルにつながる可能性があるだけでなく、時間外労働や休日労働の時間も正しく集計できないため、36協定内に時間外労働や休日労働が収まっているかの検証もできません。

2・問題に対する解決策

　振替休日と代休処理をするにはそれぞれの違いを理解した上で、就業規則等に記載をすることで運用が可能です。

　まずは、振替休日と代休の違いから説明します。

(1) 振替休日

所定の休日にやむを得ない事情で業務をしなければならない場合に、所定の休日を労働日として取扱い、その代わりに別の労働日を休日として指定することです。

休日労働に対する割増賃金を支払う必要はありませんが、週の労働時間が40時間を超えた場合は超えた時間に対して割増賃金を支払う必要があります。

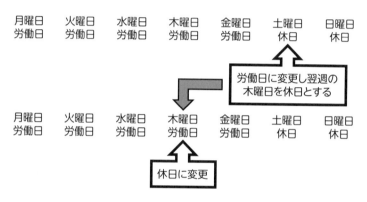

※事前に休日に変更する日を決めなければなりません。

(2) 代休

代休は休日労働や時間外労働が行われた際に、その代わりに労働を一部免除することです。休日労働として処理をした日に対して後日代休を適用することが可能な取扱いです。

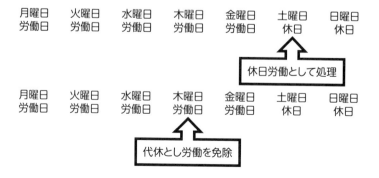

※代休は事前に労働を免除する日を通知する必要はありません。しかし、代休を与えたとしても、休日労働をした事実がなくなるわけではありませんので、休日労働に対する割増賃金を支払う必要があります。

上記の内容を、就業規則等に記載する必要があります。

具体的には、会社の都合により振替休日および代休を与える取扱いをする旨の記載が必要です。

3・問題を解決することによるメリット

振替休日と代休を理解し運用する事で、割増賃金を適正に計算できるようになり、未払い賃金の問題がなくなります。また、休日労働時間も適正に把握できるため、36協定で締結されている労働時間に収まっているかの検証も行うことができます。

4・人事労務管理制度に反映させる上でのポイント

振替休日と代休は従業員にとっても非常にわかりにくい制度です。就業規則に記載した際には、図を用いて説明し周知する必要があります。また、18歳未満の年少者には時間外労働や休日労働をさせることができませんが、振替休日の制度は適用することが可能です。

年少者を雇用している会社は、制度の適用ができるように準備をすることをお勧めします。

Q10 取引先の方の結婚式に上司が行けないので、代理出席させました。労働時間としなければなりませんか?

A ....

1・勘違いしているポイント

結婚式に限らず、お通夜やお葬式、さまざまな会合の出席を上司等の代理で依頼するケースは多くあります。この際に、出席している時間を労働時間とするか否かは、指揮命令下にある時間であるかを考えなければなりません。しかし、結婚式の場合、土日などの会社所定の休日に行われ、かつ、飲食を伴うために一律に労働時間とはしないとして取扱いをしている会社が多く見受けられます。確かに同僚から結婚式に招待された場合は、指揮命令下にある時間であるとはいえませんが、上司が自分の代理で出席を依頼するような場合は検討が必要です。

慶弔行事や会合の出席を一律に労働時間としない取扱いは、未払い賃金が発生する場合があり、従業員から遡って請求される可能性があります。

2・問題に対する解決策

上司から代理出席の依頼を受けた慶弔行事やその他の会合、社員が会社から出席することを具体的に指示を受けた行事や会合については、目的や出席した際に他の出席者に対してどのように対応をしないといけないかなどから労働時間であるか否かを判断することが一番よい方法です。

判断材料としては次の4点です。

① 出席する目的

② 対象者との業務以外での関係性

③ 出席した際に求められる対応

④ 会社からの具体的な指示

それでは今回の結婚式のケースで考えます。

①については、出席の目的は、招待を頂いている取引先との関係を維持するためもしくはよりよい関係性を構築し、今後の業務が円滑に行われるようにするためです。

②については、対象者との業務以外での関係性があるのか、具体的にはプライベートで遊びに行く関係であるのかということを検討材料として下さい。仮に接待ではなく食事に行く関係であっても、仕事を円滑に進めるために食事をしているのであればプライベートの関係は薄いと考えるべきです。

③については、取引先の方の結婚式であれば、当然周りには仕事関係者が多く出席されていることが考えられます。当然、自身の友人や親戚の結婚式との対応が変わります。その場で話した内容や対応は会社の評価につながります。

④については、結婚式ですので、上司からお祝い金を渡すように指示を受けると思います。その他、上司が出席者を知っているようであれば、別の取引先の方への挨拶を依頼されることがあると思います。

このように上記の①～④を考えていくと指揮命令下にある時間なのかを検討するための情報が集まります。この内容を基に検討すると、今回のケースでは当然労働時間として取り扱うべき時間と考えるべきです。

3・問題を解決することによるメリット

まず、未払い賃金の発生する可能性が低くなります。労働時間として取り扱うか否かについて、判断基準するための情報を集めることで、本Questionで取り上げたような問題について従業員が納得する明確な答えを会社として出すことができます。また今まで、明確な答えがない中

で労務管理の運用していたことを、明確な答えと判断した理由を伝えることで会社の労務管理体制の変化を感じてくれる従業員もいます。

４・人事労務管理制度に反映させる上でのポイント

　労働時間として取り扱う時間なのか、プライベートなのかを明確な基準を作成し一定のルールを作成することが理想ではありますが、運用することが困難となるため、判断する情報を集めることのみ具体的に定めていることについて従業員に理解をしてもらう事が重要です。たとえば、プライベートの付合いのない部下の結婚式に招待された場合、同じ会社で勤務するものとして純粋にお祝いをする気持ちで出席される方もいますが、業務を円滑に進める目的やご両親や配偶者にしっかりした会社であることをアピールし離職をするリスクを減らすといった考えで出席される方もいます。

　さまざまな考え方を少しでも反映し、多くの従業員が納得できる説明をして下さい。

Q11 従業員が頻繁に手洗いに行きます。労働時間から控除して問題ないですか?

1・勘違いしているポイント

　手洗いの時間が労働時間か否かは、使用者の指揮命令下にある時間なのかにより判断されます。頻繁に手洗いに行くことで、労働から離れ、他の従業員との公平性を保つために労働時間から控除するという考えをするのもしかたないのかもしれません。確かに学生時代に、休憩中に自分の好きな行動をし、その後授業が開始され授業の途中でお手洗いに行くような人に対してなぜ?と疑問をもったと思います。手洗いの時間を休憩時間として控除することは、未払賃金が発生するだけでなく、従業員の身体の安全に配慮し労働させなかったとして訴訟等の大きな労使トラブルとなる可能性があります。また、一方で従業員が手洗いに行くことで同僚の従業員の業務量が多くなり、業務量が多い従業員からは公平でないと不満が出る可能性があります。

2・問題に対する解決策

　手洗いの時間が労働時間であるか否かについてまず理解して頂くことが重要です。

　手洗いは生理現象なので必ず起こる現象です。休憩時間中に手洗いに行っておく、また、手洗いに行かなくてよいように水分の摂取量を調整するなど、ある程度、自身で対策が取れることもあります。しかし、労働時間であるか否かは、使用者の指揮命令下にある時間であるかということが基準です。手洗いに行っている時間が、使用者の指揮命令下にない時間とするのであれば自由な時間ということになります。しかし、実

際には手洗いに行った後の作業について考えていたりするはずですので、指揮命令下にないと考えるのは難しいです。休憩時間に手洗いに行くべきではありますが、全員が特定の時間に手洗いに行くことは、設備的に無理がある会社が多いと思います。このようなことから、労働時間からお手洗いの時間を控除することが適切でないことをご理解下さい。

しかし、頻繁に手洗いに行き業務に支障が出ているのであれば、これを放置する事はできません。たとえば、電車やバスの運転手が頻繁に手洗いに行かないといけない健康状態であれば、そもそも業務を行うことができません。まず、従業員の健康状態を確認し、本当に今の業務を続けて行くことができるのかを医師の意見等を基に検討することが必要です。

健康状態に問題があるのであれば、労働契約の変更をして異なる条件で勤務をしてもらうことに同意をしてもらうしかありません。健康状態に問題がない状況でも同様に、通常の業務をこなすことができないのであれば、労働条件の変更を求めるしかありません。

労働条件変更を求めないといけないケースが発生する可能性がある場合には下記内容が重要です。

① 採用時に業務内容の詳細を伝え雇用契約書に業務を適正にこなすことができない場合業務の内容を変更することがある旨を記載する。

② 就業規則に業務の内容の変更命令をする場合がある旨を記載し周知する。

3・問題を解決することによるメリット

従業員の健康状態にあった業務に就かせることが可能になります。業務の変更や労働条件の変更をすることで、公平な労働環境となり同僚の従業員の不満もなくなります。

4・人事労務管理制度に反映させる上でのポイント

　健康上の問題について、質問する際には注意が必要です。事前に、他の従業員へ情報を伝えてよいのか等を聞いてから具体的な内容をヒアリングして下さい。情報を公表することで、周りの従業員からの協力を得ることも期待できますが、理解をしてくれない従業員もいます。個人情報の取扱いには十分注意して下さい。

Q12 定年後再雇用する際に、年次有給休暇の計算をリセットし6カ月後に10日付与してよいですか?

1・勘違いしているポイント

　会社が定年退職を迎えた従業員を新たな条件で再雇用する場合、給与額の減額や、役職自体もなくなるケースはよくあります。厚生年金保険や健康保険では60歳以上で定年退職を迎え、1日の空白期間もなく継続して新たな労働条件で雇用される場合、今までの報酬額をリセットし、新しい労働条件での報酬額に厚生年金保険料等を変更できる特別な制度があります。このような制度があるために年次有給休暇の付与日数に関してもリセットされると考えられている人事労務担当者が多くいます。法律で定められている年間の付与日数の上限は20日ですが、入社後6カ月後に付与される日数は10日です。正社員が定年退職を迎え年次有給休暇の勤続年数をリセットした場合、付与日数の差は10日もありますので、労使トラブルに発展する可能性は非常に高いです。

2・問題に対する解決策

　定年後に再雇用をされた場合、年次有給休暇の勤務年数は定年前の期間も通算することになっています。退職金等の清算をしていたとしてもこの取扱いは変わりません。これは、新たな労働条件で勤務していても、会社内での条件が変更されているだけであると法律では解釈されているからです。下記の図にいくつかのパターンをまとめます。

■勤続年数を通算するケース

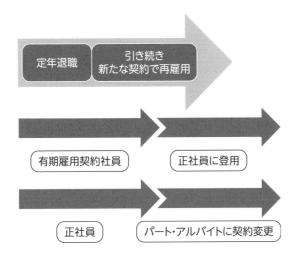

定年退職だけでなく、労働条件が変更され継続勤務をしている場合も通算されます。

3・問題を解決することによるメリット

年次有給休暇の付与日数を適正にすることで会社への不信感が解消されるため、定年を迎え再雇用したもののすぐに離職してしまうことを防止できます。また、定年後少しの期間旅行等をしたいと考える従業員にも年次有給休暇を取得し希望を叶えるための提案ができます。

4・人事労務管理制度に反映させる上でのポイント

高齢者が定年年齢後、継続して勤務してもらえるかは、人材不足の現状で大きな課題になっています。定年年齢後の方々は個人差にもよりますが体力は落ちている方が多いです。しかし、今までの経験に価値があり、この経験を若い世代にいかに継承してもらえるかがポイントとなります。中小企業では新卒従業員にかける教育費用も大手企業と同じとは当然いきません。少しでも継続して勤務してもらえるように積極的に年

次有給休暇を取得してもらうことも一つの方法です。

　また、過去の取扱いで定年の際に勤続年数をリセットしてしまっていた場合は、まだ対象従業員が継続して勤務しているようであれば、年次有給休暇の勤続年数を定年前の期間も通算して再計算し不足分を付与して下さい。

Q13 発熱している従業員を帰宅させることはできますか?

1・勘違いしているポイント

　まず、本解説の内容については執筆している時点での新型コロナウイルス対応に関して厚生労働省から公表されている最新の情報をもとに書いており、今後の状況によっては内容が大きく変更となる可能性があることをご了承下さい。

　新型コロナウイルス感染症拡大防止の観点から会社が発熱している従業員を帰宅させることは、当たり前の対応です。帰宅させなければいけません。ここで問題となるのがこの帰宅をさせた対応が、使用者の責に帰すべき事由による休業となるか否かの問題です。労働契約法では、労働者の生命や身体の安全を確保しつつ労働ができるような配慮することを会社に求めています。多くの人事労務担当者は、他の従業員に感染をさせてはいけないので発熱した従業員を帰宅させ、休業手当の支払いはなく処理を進めています。

　従業員からすれば、なぜ会社の命令により帰宅させられているにもかかわらず、休業手当が支給されないのか不満を持ち労使トラブルに発展する可能性があります。

2・問題に対する解決策

　毎年流行するインフルエンザと新型コロナウイルス感染症拡大防止の違いを理解した上で、厚生労働省が考える対応を進める必要があります。新型コロナウイルスの厚生労働省の基本的な考え方は次のとおりです。

①　従業員が感染した場合、休業手当の支払いは必要なし

②　従業員に感染を疑われる症状がある場合で、会社が休業を命じた場合は休業手当の支払いが必要

③　従業員に感染が疑われる症状がある場合で、従業員が自主的に会社を休んでいる場合、休業手当の支払いは必要なし

　上記の考え方に従う必要があります。毎年流行するインフルエンザは、治療方法が確立されており、かつワクチンも存在します。一方で新型コロナウイルスは治療法もワクチンも現時点ではない状況です。

　医療機関や介護施設以外で新型コロナウイルスが流行する以前に、発熱をしている社員に対してインフルエンザかもしれないから帰宅して下さいと命令をしている会社はほとんどありませんでした。むしろ、体調が悪いなら無理せず帰宅した方がよいよといったように思いやりのある対応をしていたと思います。発熱という症状がある従業員が2名いたとします。1名は自身の希望で会社を休み、もう1名は会社が休業を命じた場合、前者には休業手当を支払わず、後者には休業手当を支払うということになります。ワクチンや治療方法が確立されていないことにより、他の従業員の健康状態も守らないといけない会社としては、難しい選択を迫られます。

　厚生労働省より公表されている「新型コロナウイルスに関するQ＆A（企業の方向け）」（令和2年10月12日時点版）に記載されている内容では、業種毎の監督官庁から公表されている新型コロナウイルスに関するガイドラインについては考慮されていません。

　たとえば、医療機関や介護施設では厚生労働省が監督官庁となるので別にガイドラインを公表しています。定期的に情報を集め、今後のための取組みとして就業規則へ取扱いを記載しておくべきです。

3・問題を解決することによるメリット

　厚生労働省のガイドラインに従い休業等の対応をすることで、会社都

合の休業であるか否かについて労働者とのトラブルを避けることができます。また、体調の悪い従業員が無理することなく療養できる環境が調いますので結果として社内での感染リスクが抑えられます。

４・人事労務管理制度に反映させる上でのポイント

　実際に体調が悪くなった場合の会社への連絡方法など具体的な流れを決め、社内で共有することをお勧めします。また、厚生労働省のガイドライン等もその都度更新され、就業規則等を変更するタイミングは検討が必要です。

Q14 感染症へ罹患するのが怖いので、当分の間出勤を控えさせてほしいと要望がありました。業務が進まないので退職して頂こうと考えていますが可能ですか?

A

1・勘違いしているポイント

　新型コロナウイルス感染症拡大で、勤務条件を変更してほしいという要望は多くの会社の従業員から上がっています。会社として従業員の感染を防止する対策をしても、公共交通機関での通勤や対面での打合わせをすべてなくすことは非常に困難です。そのような状況の中で、正常な業務ができないのであれば退職勧奨をするとことも選択肢のひとつであることは間違いありません。しかし、退職勧奨を安易に考えている方も多いので注意が必要です。退職勧奨には必ず同意が必要です。同意頂けない場合は解雇となり、不当解雇等の非常に大きな訴訟問題となる可能性があります。

2・問題に対する解決策

　退職勧奨をする前に、会社としての感染を防止する取組みや就業規則の規定で休職事由についてどのような記載をしているかをまず確認する必要があります。手順と具体的な内容は次のとおりとなります。

① 感染症対策の確認

| ・社内での対策
（業務中マスクを必ず着用する等の取組や空間除菌の実施など） | ・社外での対策
（顧客対応や仕入れ先との対応） |

② 就業規則の休職事由について確認

| ・休業に関する記載がある場合
休職事由として認められる内容か否かを判断する | ・休業に関する記載がない場合
感染症罹患に伴う休職を認めるか検討 |

③ 休職を認めないと決めて以降もしくは休職期間終了後

| ・退職勧奨を実施
従業員に同意してもらう | ・休職期間満了日以降復帰をしてくれるように案内する
無理であれば退職勧奨を実施する |

　退職勧奨をすることを前提とするため、感染症対策として会社が取り組んだ内容が重要となります。何も実施していないようであれば、取り組めることに少しでも取り組んで下さい。退職勧奨を実施した際に、対策も何もしてくれていないので出勤できませんと同意どころではなくなってしまいます。次に、就業規則に休職事由が記載してあれば、今回の内容が休職事由に該当するか否かの判断をし、該当するようであれば規則に記載されているとおりの期間、取扱いに従い休業期間として取り扱って下さい。なお、休職とする場合、休職期間満了後の取扱いについても規則の定めどおり処理し、取扱内容を事前に通知しておいて下さい。

　退職勧奨を実施する際には、会社としての感染症対策の取組みについてできる限りのことを実施したことを説明した上で、出勤をしてくれるように促し、無理であれば退職勧奨に合意をしてくれるように依頼して下さい。

3・問題を解決することによるメリット

　会社としてできる限りのことをすることで、退職勧奨に合意頂ける可能性が高くなります。

　また、さまざまな考え方をする従業員がいる中で公平性がある対応をすることになるので、他の従業員の不満がたまることもありません。

4・人事労務管理制度に反映させる上でのポイント

　新型コロナウイルスに対する考え方は、従業員によりさまざまです。会社は休職とするか否かについての判断基準を明確に伝えて下さい。また、今回の判断基準を就業規則等に記載しておくことをお勧めします。

テレワークを導入し、勤務をしている従業員がいます。日中、家族等がいて業務が進まないため、就業規則では禁止しているのですが、深夜に業務をしています。このような状況でも深夜割増は支払わなければいけないのでしょうか?

A ....

1・勘違いしているポイント

　テレワークを導入する前には、想定されるさまざまな内容を決めておく必要があります。しかし、新型コロナウィルス感染症の影響で、本来決めておくべき内容を一切決める時間がなく導入をせざるを得なかった会社も多くありました。厚生労働省からは、テレワークの導入に関するガイドライン（「テレワークにおける適切な労務管理のためのガイドライン」）が公表されています。しかし感染症対策としてテレワークを導入することを想定しているものではなかったので、ガイドラインの内容では対応ができなかったのが現状です。このQuestionのように禁止されている時間帯に業務をせざるを得ない状況になるとは想定ができなかったのです。禁止されている時間に許可なく業務をしているのだから割増賃金を支払う必要はない、指示に従わなかった従業員に対して支払うことは、社内での統制が取れないので支払うことができないとお考えの人事労務担当者が多いです。割増賃金を支払わない対応をした場合、賃金の未払いが発生し、労使トラブルに発展する可能性があります。

2・問題に対する解決策

　現状の厚生労働省の取扱いでは、このQuestionのように禁止されている時間に業務をしたとしても、割増賃金の支払いが必要です。今後、厚生労働省から新たな情報が発信される可能性がありますが、本来テレ

ワークを導入する際に事前に定めておかないといけないポイントは変わりませんので、ここでは定めておかなければならない内容をまとめて説明します。なお、テレワークとは在宅勤務のことだけを示す訳ではなく、オフィス以外のスペース（サテライトオフィス等）での勤務、パソコン等を利用して移動時間に勤務する事などの勤務形態のことを示します。

⑴　業務の範囲

　テレワークを認める業務の範囲を社内で定めて下さい。

⑵　業務を行う場所

　具体的な場所、自宅やサテライトオフィスを定めるもしくは業務を行うことを許可する場所の基準を明確にして下さい。

⑶　労働時間の管理

　テレワークを導入することにより、労働時間の管理は非常に難しくなります。業務開始および業務終了時刻をその都度従業員が上司に報告する等の方法により対応することは可能ですが、業務を行う環境によっては業務開始をしたものの、その後、自宅等で業務を行っている場合、子供が騒いでしまう等の理由により業務ができない状況になってしまうこともあります。Questionのように在宅で業務を進める際には、この問題が多くあります。このような問題に対処するために、業務中に私用での中抜け時間を認めるか等の検討が必要です。また、休憩時間に関しても曖昧になりやすいです、具体的な時間を決めるのか、もしくは私用の中抜けの時間を認めるのであれば同じように柔軟に対応するのかをも定める必要があります。

　次に時間外労働、深夜労働の管理についても事前に定めておく必要があります。ただでさえ労働時間の管理が難しい状況の中で、時間外労働や深夜労働を認めることはお勧めできません。時間外労働・深夜労働は認めないという定めをすることと合わせて、システムへアクセスできなくするなど物理的な対応も必要となる場合があります。

(4)　労働する環境に関する整備

オフィス等であれば作業環境を会社で管理できますが、テレワークではサテライトオフィスで勤務する場合しか管理することができません。厚生労働省の「テレワークにおける適切な労務管理のためのガイドライン」にある基準を基に定めをして下さい。

(5)　通信環境の費用負担について

Wi-Fiや携帯電話の通信費用の負担について具体的に定めてください。

(1)〜(5)の内容を労使で話し合って定め、就業規則等に記載し運用して下さい。

すでにテレワークを開始している会社においては今後、さらなる問題が発生する可能性がありますので、いち早く定めて下さい。

3・問題を解決することによるメリット

Questionの問題については、割増賃金を支払うことで賃金未払いの問題がなくなり、労使トラブルに発展することがなくなります。また、テレワークを導入するためにさまざまな定めをすることにより今後想定される問題を未然に防ぐことができます。

4・人事労務管理制度に反映させる上でのポイント

現状のテレワークの問題点を従業員から聞き取り、定めに反映させることが一番重要です。また、いきなりテレワークに切り替えるのではなく、社内で研修をした後に実施することでスムーズに運用が可能となります。

第2章　賃金について

　ご承知のとおりここ数年、従業員の権利意識の高まりに伴い、人事・労務に関するトラブルは増加しています。その中でもサービス残業、未払い残業など、賃金に関するトラブルは激増しています。賃金に関するトラブルは「知らなかったから今後見直す」ということでは済まされず、当然、過去に遡っての未払い賃金の支払いが必要となります。

　中小企業の人事労務担当者が賃金に関して、よく見受けられる勘違いについては下記の3点があげられます。

　　1　最低賃金制度に関する制度の理解
　　2　割増賃金の算定方法
　　3　賃金支払いの方法

　ここでは上記1、2について解説します。

1 ｜ 最低賃金制度に関する制度の理解

⑴　最低賃金についての勘違い

　人事労務担当者として賃金についてまず、ご理解頂かないといけない点は最低賃金です。最低賃金は人事労務担当者もご存じのとおり、賃金の最低額として法律で定められた金額で、最低賃金の額以上の賃金の支払いが必要です。最低賃金は都道府県毎の地域で定められた金額と、産業毎で定められた金額があります。都道府県毎の地域で定められた金額は多くの方がご存じですが、産業毎で定められた金額については、確認されておらず、対象の産業であるにもかかわらず都道府県毎の金額で処理している企業も多くみられます。また、最低賃金の対象となる賃金を誤って理解しているケースが多くあります。「最低賃金の対象となる賃

51

金」は下記の除外される賃金以外です。

最低賃金の対象から除外される賃金	具体的な手当例
臨時に支払われる賃金（慶弔金等）	結婚手当
1カ月を超える期間ごとに支払われる賃金（賞与など）	賞与
・所定労働時間を超える時間の労働に対して支払われる賃金 ・所定労働日以外の日の労働に対して支払われる賃金 ・午後10時から午前5時までの間の労働に対して支払われる賃金のうち、通常の労働時間の賃金の計算額を超える部分	・時間外割増賃金 ・休日労働割増賃金 ・深夜割増賃金
最低賃金の対象から除外される賃金として具体的に明記されている手当	・通勤手当 ・家族手当 ・**精皆勤手当**

　諸手当については「最低賃金の対象となる賃金」イコール「割増賃金の基礎となる賃金」と思われている方も多いかもしれませんが、1つ注意点があります。それは「精皆勤手当」です。最低賃金の対象となる賃金に「精皆勤手当」は含めることができません。

⑵　勘違いの解決策と問題を解決することによるメリット

　就業規則や賃金規定に最低賃金についての記載をしているケースはほぼないと思います。最低賃金の確認は賃金台帳等の給与資料で確認頂くことになります。最低賃金で雇用している従業員数は限られていると思います。しかし「最低賃金」という制度は多くの方がご存知です。その制度が一部わかりにくい内容になっていますので、不用意なトラブル防止のために、給与内容を確認頂き、上記で説明した対象となる賃金や地域別の最低賃金および産業別の最低賃金の適用に間違いがあれば人事労務担当者より従業員にお話しすることをお勧めします。従業員へ十分な説明をすることで、余計な不安を与えることなく解決できます。

2 割増賃金の算定方法

⑴ 割増賃金の基礎となる賃金についての勘違い

基本給だけが割増賃金の基礎となると思っている人事労務担当者もまだにいます。

割増賃金の基礎となる賃金から除外できる賃金は下記のみです。

① 家族手当、② 通勤手当、③ 別居手当、④ 子女教育手当、⑤ 住宅手当、⑥ 臨時に支払われた賃金、⑦ 1カ月を超える期間ごとに支払われる賃金

⑵ 勘違いの解決策と運用上の注意点

割増賃金の基礎を誤ってしまうと正確な給与を支払うことができませんので、就業規則や賃金規定と労働条件通知書等の賃金の額が記載されている書類を合わせて誤りがないかの確認が必要です。そもそも就業規則や賃金規定の記載に誤りがあった場合、修正と合わせて支払済みの賃金で未払いが出る場合は、追加で支払いが必要となります。また、固定的に支払う残業手当は時間外労働等の割増賃金として支払っているわけですから当然残業代の基礎から控除されます。しかし、従業員の中には厚生労働省等の案内文に7つの除外できるもの以外は割増賃金の基礎に入れないといけないと記載されているため、勘違いをされる方が多いです。是正をしなければならない状況の場合、人事労務担当者が中心となり処理を進めると思いますが、会社の賃金体系を可視化し説明する等の対策が必要です。2020年4月1日労働基準法の一部改正により、未払い賃金が請求できる期間が2年から5年に延長されました。当分の間は3年とされていますが、この改正に伴い今までは遡っての未払い残業の支払いが2年分で済んでいたものが当分の間は3年分、その後は5年分必要となり企業の未払い残業などの賃金に関する潜在的なリスクは今まで以上に高まっています。割増賃金の計算に問題があるようであれば、

早い段階で是正することにより問題を最小限にする事が可能となります。

基本給に残業代を含んで支給しています。だから、残業代の計算をしていません

1・勘違いしているポイント

　そもそも、基本給に残業代を含んでいるという考え方に問題があります。基本給と残業代（時間外労働手当）については、まったく別のものという解釈となります。基本給の考え方は、通常の労働（所定労働時間）に対しての賃金であり、残業代は通常の労働を超えて働いた時間に対して支払われる賃金です。よって、所定労働時間を超えたために支払われた部分が明確になっていないと、未払い残業のリスクが高まります。また、給与の内訳が明確でない支払方法をとることにより「どれだけ残業をしてもそれ以上の支払いは必要ない」と勘違いしてしまっているケースもよく見られます。残業代とは、そもそもどういった意味で支給されるものなのかを理解して下さい。

2・問題に対する解決策

　まず、基本給とは前にも述べたとおり、通常の労働に対する対価としての支払う賃金となります。よって、所定労働時間（定時勤務分）で勤務したものに対して支払われるものとなり、残業代の「所定労働時間を超えて勤務が発生した場合に支払われるもの」とは大きく意味合いが異なります。解決策としては、基本給と残業代を明確にすることです。基本給に残業代が含まれているということがすべて間違っているわけではなく、それぞれが明確に分かれていないことが間違っているポイントとなるので、基本給の部分がいくらで、残業代の部分がいくらかを雇用契約書等や労働条件通知書で明確に分けて記載して下さい。

■例

・基本給250,000円（残業代50,000円（34時間分）含む。）

・残業代の1時間の単価（250,000円 ‐ 50,000円）÷1カ月の所定労働時間173時間×1.25≒1,446円

・50,000円÷1,446円≒34時間

　このように詳細な内容を記載することにより、従業員本人に何に対していくらの支払いがあるのか明確に伝えることとなり、不満が生まれることはありません。また、1点注意しなければならない部分が、36協定（時間外・休日労働に関する協定届）の締結について残業代として支払っている時間以下の協定を結ぶことは通常あり得ません。今回のケースであれば1カ月あたり34時間以上の時間となっている36協定を締結することが必要となります。

3・問題を解決することによるメリット

　まず従業員が自身の給与の内訳を理解することができ、不安や疑問が取り除かれることにより、事前に労使トラブルを抑制することができます。上記の例で同じ250,000円を支給するのであれば、内訳等が明確になっているかどうかで不安や疑問が解消されます。

　次に、未払い残業代請求のリスクがなくなります。残業代の金額が何時間分の残業代かを明確にすることで、その時間数に残業時間が収まっていれば未払い残業が発生しないしくみとなりますので、未払い残業のリスクがなくなります。ただし、上記の例でいうと34時間を超えて残業をした場合、追加の残業代の支払いをしていないなどがあると未払残業となってしまい、リスクは軽減されていたとしても残されたままとなります。

　最後に、残業などの労働時間に対する意識が変わります。早く終わらせても残業をしても同じ給与であれば、早く終わらせたいと思うのが心

情だと思います。これにより、なるべく早く仕事を終わらせる意識が生まれ、だらだら残業がなくなり、生産性の向上が期待できます。

4・人事労務管理制度に反映させる上でのポイント

　もし、今までの労務管理や給与計算で未払い残業が発生しているようであれば、その部分の清算も考えなければなりません。清算方法についても残業代としての時効を迎えている部分や時効前のもの、時効を迎えたものについての清算、勤続年数によってどのように対応するかなど、さまざまな検討が必要となるので注意が必要です。また、今後このようなことが起こらないように、賃金制度の見直しを行う等、未来に向けての対応が必要となります。

Q2 固定の残業代を支払えば、何時間でも残業をさせることができますか?

1・勘違いしているポイント

　何時間でも残業させることはできません。人事労務担当者の中には、毎月定額の固定の残業代を支払い、追加で時間外労働に対する割増賃金を支払った記憶のない方もいるかもしれません。通常であれば所定労働時間を超えて就業した場合、所定労働時間を超えた時間外労働分の残業代の計算を行い支払わなければなりませんが、給与計算処理の簡素化等を目的に所定労働時間を超えた時間外労働分の残業代として毎月一定の金額を固定的に支払う制度が「固定残業制度（定額残業制度）」です。毎月固定の金額を支払っているので人事労務担当者の中には勘違いされてしまう方もいるかもしれませんが、固定残業代以上の時間外労働をした場合は、追加で残業代は支払わないといけません。固定残業代以上の時間外労働をしても追加で残業代の請求をしない旨の合意が従業員との間にあれば問題ないとお考えの方もいますが、決してそのようなことはありません。

2・問題に対する解決策

　固定残業代以上の時間外労働をしているにも関わらず残業代を追加で支払っていないような場合、人事労務担当者としては再度制度の運用を確認する必要があります。運用のポイントとなるのは、固定残業代が何時間分の残業代となるかという点です。固定残業代を導入するには次の2点が必要です。1点めは通常の労働時間分として支払う賃金と固定的に支払う残業代（固定残業代）として支払う賃金を明確に区別し、固定

残業代が何時間分の残業代として支払っているかを労働条件通知書等で明示することです。

■例　基本給：月額192,000円　固定残業代：月額15,000円（10時間分）

　2点めは固定残業代の金額が、実際に残業した時間で計算した割増賃金の額を下回る場合、その差額を支払うことです。

■例　基本給：月額192,000円　固定残業代：月額15,000円（10時間分）
　　　で雇用契約を締結している従業員が月に15時間の残業をした場合
　　　192,000円（基本給）＋ 15,000円（固定残業代10時間分）＋ 7,500
　　　円（5時間分）＝ 214,500円

このように、固定残業代と固定残業代を超えた時間分を明確に区分し支給する必要があります。

3・問題を解決することによるメリット

　固定残業代を導入する目的はさまざまです。残業代の計算を効率化するといったものや生産性向上を目的としているケースは多いです。人事労務担当者として給与計算の一部でも簡素化ができれば大きなメリットになります。ただし、従業員が決められた時間以上の時間外労働を行った際には、その分の賃金を支払わなければなりません。従業員の実労働時間を把握し、それに基づいて固定残業代との差額を計算する必要がある為、余計に手間がかかってしまう場合もありますので注意が必要です。また、慣習的に長時間労働となっている会社が、固定残業時間内に時間外労働を収めてもらうことにより従業員の意識改善が進み結果的に生産性の向上が見込めます。

　固定残業制度を理解し導入する際のポイントを抑えて実施するのであればメリットがありますが、固定残業代制を誤解している方も多く、導入の際には慎重に検討する必要があります。とくに採用活動の際には、求人票等に固定残業代の金額が多いと残業が多い「ブラック企業」とい

う印象を与え、デメリットとなってしまいます。残業が多い会社、「ブラック企業」という印象を与えないことは新卒を採用する際にとくに注意が必要です。

4・人事労務管理制度に反映させる上でのポイント

　固定残業代もしくは定額残業代に対して悪いイメージをお持ちの方が多いですが、固定残業代制度が違法なわけではなく、正しく運用すれば全く問題のない制度です。これから固定残業代制度を導入するかを検討する場合、メリットがあるのか洗い出すことが必要です。その際には、まず現在の時間外労働を削減する必要があるのか？給与の支払総額が上がったとしても、給与計算を簡素化する必要があるのか？この2点を検証し導入するメリットの方が大きいのであれば、導入をお勧めします。実際に導入をする場合には、まず対象者を決めます。対象者を決めるというのは、全社統一で導入するのか、職種ごと、役職ごとで導入するのかを決めるということです。そして、固定残業時間が何時間であれば妥当なのかを検討します。決定後、従業員それぞれに労働条件通知書や雇用契約書で通知をし運用して下さい。

会社からの貸付金は給与から控除して問題ないですか?

1・勘違いしているポイント

　給与から控除していいものは法律で定められており、正当な理由があれば何でも給与から控除していいというものではありません。給与から控除してよいものは次のとおりです。

① 　源泉所得税

② 　住民税

③ 　健康保険（介護保険を含む。）および厚生年金保険の保険料の被保険者負担分

④ 　雇用保険の保険料の被保険者負担分

⑤ 　労働者の過半数で組織する労働組合または労働者の過半数で組織する労働組合がない場合は労働者の代表との書面による協定により賃金から控除することとしたもの

　貸付金に限らず、弁当代、旅費積立、財形の積立、作業服代や家賃など、給与から控除してしまっているケースがよく見受けられますが、それらの控除は前記⑤のとおり、正式な手順を経て、はじめて控除できます。勝手に会社の都合で給与から控除することにより「控除されるなんて聞いていなかった」という声が上がり、未払い賃金のトラブルになることもあるので注意が必要です。

2・問題に対する解決策

　まずは、給与から控除しているものが本当に控除することが必要かを精査する必要があります。たとえば弁当代など、その都度支払いをする

のか、給与から控除するのか、どちらが従業員や会社にとって都合がよいのか検討する必要があります。そして、本当に必要な控除の場合、前記⑤のとおり、労使協定の締結が必要となります。ただし、労使協定を締結できるものは、事理明白（根拠や金額が明確であるもの）なものが対象となります。労使協定は特に様式に定めはなく、労使で内容が明確になっていれば問題ありません。

■**賃金控除に関する協定（例）**

　株式会社○○と株式会社○○労働者代表△△とは、労働基準法第24条第1項但し書に基づき、従業員の賃金の一部控除に関して、以下のとおり協定する。

第1条（控除の対象）

　会社は、毎月△日支払の給与および賃金規程第□条の定めにより支給される賞与より、以下に掲げるものを控除する。

　⑴　法令により定められたもの

　　　①　所得税　②　住民税　③　健康保険料　④　厚生年金保険料　⑤　介護保険料　⑥　雇用保険料

　⑵　法令以外のもの

　　　①　社宅家賃　②　互助会会費　③　会社立替金もしくは社内貸付制度による返済金および利息　④　労働組合の組合費　⑤　団体扱いの生命保険・損害保険の保険料　⑥　通信教育の受講料　⑦　財形制度の積立金　⑧　従業員持株会の拠出金　⑨　社内預金制度による預入金

第2条（協議事項）

　本協定に基づく賃金控除の取り扱いに関し、運用上の疑義が生じた場合には、その都度会社と労働者代表とで対応を協議し、決定する。

第3条（協定の有効期間）

　本協定の有効期間は、令和●●年●●月●●日より令和▲▲年▲▲月▲▲日までの１年間とし、会社、労働者代表より異議のない場合には、１年間延長するものとする。また、それ以降についても同様の取扱いとする。

令和■■年■■月■■日
　　　　　　　株式会社○○
　　　　　　　代表取締役社長　　　　　　　　　　　　　　　　印
　　　　　　　株式会社○○　　労働者代表　　　　　　　　　　印

　今回のケースのように、会社からの貸付金の返済についても、労使協定を締結することにより、給与から控除することが可能となります。ただし、あくまで合理的な金額であって、生活に支障をきたさない金額にするべきです。

３・問題を解決することによるメリット

　給与から貸付金を控除することにより、返済金の回収をしそびれるということがなくなり、回収率が上がります。また、給与から控除する制度を正式に企業に導入することにより、緊急時の福利厚生の意味合いともなり、従業員が私生活において安心できる材料ともなります。

４・人事労務管理制度に反映させる上でのポイント

　このQuestionのような、貸付制度を導入することにより、従業員が金銭にルーズになってしまう傾向もあり、一長一短な制度と言えるかもしれません。生活自体が自転車操業のような状態となってしまい、元に戻すことがとても困難になってしまうこともあります。よって、なぜ貸付が発生してしまうかを確認し、貸付をすることが本当に自社の従業員

の性質に合っているかどうかを今一度、再検討してみることが必要かも
しれません。

Q4 従業員の給与の差押さえ命令が、裁判所から会社に届きましたが、任意と思い対応していません。問題ありませんか?

1・勘違いしているポイント

債権差押命令書に従う必要があり、拒否することはできません。仮に、命令に従わず給与を支払ってしまった場合、二重払いという事態となってしまうので注意が必要です。二重払いについては、後程詳しく説明します。

2・問題に対する解決策

解決策としては、裁判所の命令に従うことです。債権差押命令書等の書面に記載があるとおりに対応して下さい。ただし、まずは従業員に事実確認することが必要です。本人にとっては知られたくない事実だとしても、書面が会社に届いてしまった以上、本人と話し合いの場を準備し、状況を確認することが必要です。事実確認後、書面の内容に基づき、債権者に振込みをするなど対応して下さい。

また、差押さえができる金額には上限があります。どんな金額でも差押さえができるわけではありません。民事執行法により、手取額の「4分の3に相当する部分」は差し押さえが禁止されています。例を挙げて説明します。

■例

給与支給額	
基本給	200,000円
役職手当	20,000円
残業代	20,000円
通勤手当	4,200円
合計	244,200円
控除額	
社会保険料	32,718円
所得税	6,320円
住民税	16,200円
合計	55,238円
支給額	
188,962円	

　合計支給額－（通勤手当＋控除額）の4分の1が差押さえ上限金額となるので、

　（244,200円－（4,200円＋55,238円））×1／4＝差し押さえ上限金額46,190円（円未満切捨）

となります。

　仮に、ここで命令に従わず給与を支給してしまった場合、従業員には全額の給与を支給した後、債権者にも返済金の支払いが必要となり、二重払いという問題が発生してしまいます。なぜなら、債権差押命令書が届いた時点で、会社は「第三債務者」（債務者に債務を負うもの）となってしまいます。「第三債務者」となれば、従業員の給与の一部を差押さえ、債権者へ支払う義務が発生します。そこで、給与を全額支払ってしまった場合でも、会社は債権者に支払いをする義務が残ってしまいます。

3・問題を解決することによるメリット

会社としてはこのような事態は事務業務が増えてしまうだけなので、できるだけ避けたいことだと思います。従業員の私生活に制限をかけることはできませんが、従業員の私生活での困りごとを聞くしくみを作るなどのきっかけにして下さい。

4・人事労務管理制度に反映させる上でのポイント

今回のようなケースでのポイントをまとめると、まずは従業員に正確に事実確認を行う。次に給与計算方法に間違いが起こらないように慎重に給与計算を行う。そして、従業員と今後について話し合うことです。プライベートで問題を抱えている場合、仕事のパフォーマンスにも影響を及ぼしてしまうことがあるので、こういったことをきっかけに、従業員にしっかりと寄り添う意識を高めることが大切です。

Q5 代休を与えれば、休日出勤の割増賃金は支払わなくてもよいですか?

1・勘違いしているポイント

　代休を与えれば、割増賃金を支払わなくてもよいと勘違いされている人事労務担当者がよくいます。しかし、代休を与えても割増賃金の支払いは必要となります。このような取扱いは、未払賃金が発生し、労使トラブルに発展してしまいます。そもそも、代休と振替休日の制度の違いが理解できていないケースも多くみられますので、まずはそこから理解して下さい。

2・問題に対する解決策

　解決策として、代休制度、振替休日制度を明確にし、制度運用をすることです。代休とは、休日出勤させる代わりに他の出勤日の勤務を免除し、休みとするものです。よって、休日出勤は当然「休日に出勤した」ものとして取り扱われ、代わりに休みを与えた日は「出勤日に休んだ」ものとして取り扱われることになります。そして、振替休日とは、前もって所定の休日を他の勤務日と入れ替えることを言います。そのため、振替休日を行った場合、本来休日とされている日に社員に出勤させたとしても、その休日出勤は「出勤日に勤務した」ものとして取り扱われ、代わりに休みを与えた日は「休日に休んだ」ものとして取り扱われます。そこに大きな違いがあり、割増賃金の計算方法も変わってきます。

　休日出勤を行わせた場合、休日割増賃金として35%の割増賃金を支払わなければなりません。よって、代休の場合「休日出勤」をしたことになるため、休日割増賃金として35%の割増賃金の支払いが必要とな

ります。次に、振替休日の場合は、事前に振り替えることによって、「出勤日に勤務」し、「休日に休んだ」という取扱いとなるため、休日割増賃金の支払いは必要ありません。この35％の割増賃金を支払う必要があるかどうかが、代休と振替休日の大きな違いとなります。

　ただし、振替休日でも割増賃金が発生するケースがあります。たとえば、同じ週で振替をすることができずに、週をまたいでの振替となった場合です。労働基準法では、1日8時間または週40時間を超えての勤務に対しては、時間外手当として25％の割増賃金の支払いを義務付けています。週をまたいでの振替となると、週40時間を超えた部分の割増賃金が発生してしまうケースです。所定労働時間が1日8時間、週休2日の会社でみてみましょう。

■第1週

月	火	水	木	金	土	日
8時間	8時間	8時間	8時間	8時間	休日	休日

合計40時間

■第2週

月	火	水	木	金	土	日
8時間	8時間	8時間	8時間	8時間	休日	休日

合計40時間

↓

■第1週

月	火	水	木	金	土	日
8時間	8時間	8時間	8時間	8時間	8時間	休日

合計48時間

■第2週

月	火	水	木	金	土	日
振替休日	8時間	8時間	8時間	8時間	休日	休日

合計32時間

　週をまたいでの振替をした場合、第1週は週48時間勤務となり、週40時間を8時間超えてしまっているので、8時間分の25％の割増賃金が必要となります。

3・問題を解決することによるメリット

　代休・振替休日の制度を明確にし、給与計算を正しく行うことで、未払賃金のリスクがなくなります。また、従業員もインターネット等で調べ、知識がある方も多く、未払い賃金があることがわかると、直接仕事に対するモチベーションにも繋がってしまうので、制度を適正に運用し、問題を解決することが必要です。

4・人事労務管理制度に反映させる上でのポイント

　今まで間違った運用をしてしまっていた場合、当然過去の手当の清算が必要となります。過去の清算をどのように対応するかを考えた上で、今後の制度を説明会等を開催し従業員に伝えることが必要です。また、1年単位や1カ月単位などの変形労働時間制やフレックスタイム制が導入されている場合は、運用に注意が必要となる場合があります。

Q6 年次有給休暇を消化した社員の賞与を減らしている 会社をよく聞きます

1・勘違いしているポイント

　年次有給休暇の消化日数により、賞与の金額を減らしている話をよく聞かれている人事労務担当者は勘違いされていることが多いです。年次有給休暇の取得は従業員の健康の増進や心身のリフレッシュのために設けられた労働基準法上の制度なので、労働者が年次有給休暇の消化することを会社が不当な扱いをすることは許されません（労働基準法第136条「使用者は、第39条第1項から第4項までの規定による有給休暇を取得した労働者に対して、賃金の減額その他不利益な取扱いをしないようにしなければならない。」）。従業員にとって不利益となる取扱いをしてしまっていると、従業員は年次有給休暇消化の使用をためらうようになります。2019年4月1日から、年間で5日の年次有給休暇の取得が義務づけられました。そういった事情を踏まえると、義務づけられている日数も取得が進まなくなり、法違反状態になってしまうリスクや年次有給休暇を取得できない不満から従業員との労使トラブルに発展してしまうケースがありますので注意が必要です。

2・問題に対する解決策

　まずは、年次有給休暇の取得をしたことによる不利益な対応とは、どのような対応かを理解することが大切です。不利益な対応の例は次のとおりです。

①　年次有給休暇を使用することにより、1カ月無遅刻・無欠勤の従業員に対して支払われる皆勤手当を、年次有給休暇を使用すること

　　により支給対象外とする対応

②　賞与の査定に際して、出勤率の算定で年休取得日を欠勤として扱
　　い、賞与を減額するという対応

　法律上、年次有給休暇の取得日は出勤したものとみなして取り扱うことが必要とされていますので、①や②のように、欠勤したものとして取り扱うことが問題となります。よって、賃金や賞与の基準を定める際に最初から、年次有給休暇を全日取得するものとして、賃金制度の設定や賞与規程を定める対応が必要になります。

3・問題を解決することによるメリット

　問題を解決することにより、年次有給休暇の取得基準を明確にし、年次有給休暇の取得率が上昇することで、年次有給休暇の取得に関す労使トラブルが減り、快適な職場環境の構築に繋げられます。また、次のグラフのとおり、今後、年次有給休暇の取得率が上昇すると考えられる中で、年次有給休暇の取得がしやすい会社では従業員の不満にも繋がることがなく、年次有給休暇に関する不満が原因の離職を抑制できます。

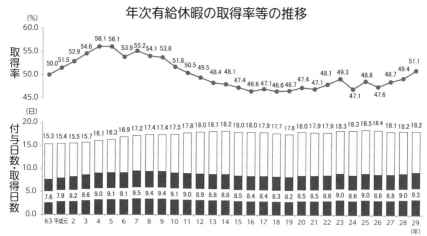

年次有給休暇の取得率等の推移

出典：規制改革推進会議　第3回保育・雇用ワーキング・グループ資料「年次有給休暇の取得促進について」（厚生労働省　2018年11月1日）

4・人事労務管理制度に反映させる上でのポイント

　ここまで、年次有給休暇を取得することによる従業員が不利益となる対応はしてはいけないということを述べてきましたが、例外として、就業規則で○日前までに年次有給休暇の取得申請をするように決められている会社で、本人の故意または重大な過失が原因で年次有給休暇取得日の前日などの直前に休暇の要求をすることで職場に混乱を招き、他の従業員に過度な負担や迷惑をかけ、会社に損害を与えた場合などで、賞与の査定項目に他の従業員との協調性等が明確になっているケースでは、その内容や金額にもよりますが、減額が可能となるケースもあります。ただし、やはり通常では賞与の減額は現実的ではないので、もし過去にそのような取扱いをしていた場合、今後のことも考慮し、過去の減額してしまった金額について清算を検討することも必要となります。

Q7 通勤手当は必ず支給しないといけませんか?

A

1・勘違いしているポイント

通勤手当は多くの会社で支給されているので、労働基準法等で定められていると勘違いされている人事労務担当者がよく見受けられます。しかし、必ず支給しなければならないということはありません。会社には通勤手当の支払いの義務はなく、福利厚生費として会社が負担しているものになります。よって、支払うか支払わないかは会社の自由となります。現在、通勤手当を採用している企業の割合は下記のとおりとなります。

通勤手当を採用している企業の割合

(%)

1950年	1960年	1970年	1980年	1990年	1999年	2009年
19.3	55.3	80.2	88.5	87.9	86.6	86.3

出典:厚生労働省資料。1950年・1960年は労働省「給与構成調査」、1970年〜1990年は、労働省「賃金労働時間制度等総合調査」、2009年は、厚生労働省「就労条件総合調査」

2009年で86.3%の企業が通勤手当を採用している現状を踏まえますと、通勤手当を支給しないデメリットとしては、他の企業は通勤手当が支給されるのに自分の会社は支給されないということで不満が生まれてしまいます。

2・問題に対する解決策

まずは、労働基準法で定められている必ず支給しなければならない賃金を理解しましょう。必ず支払わなければならないとされている賃金は

なく、最低賃金を下回らなければ問題ありません。最低賃金とは、各都道府県別に定められている「地域別最低賃金」と特定の産業別で定められている「特定最低賃金」があります。1時間当たりの賃金の単価がそれぞれの最低賃金を下回らなければ問題ありません。よって、それ以上の福利厚生としての意味合いを持つ通勤手当を会社として支給するのかを考えなければなりません。

　通勤手当に限らず、その他手当も含めて、自社に本当に必要な手当かを今一度、再考する必要があります。その結果、通勤手当が必要と判断できれば、通勤手当を支給する基準を定めます。また、通勤手当には所得税を計算するときには計算の基礎から控除することができる非課税限度額が定められています。

①　交通機関または有料道路を利用している人に支給する通勤手当：
　1カ月あたりの合理的な運賃等の額（最高限度額150,000円）

②　自動車や自転車などの交通用具を使用している人に支給する通勤手当

　通勤距離が

・片道55キロメートル以上である場合：31,600円

・片道45キロメートル以上55キロメートル未満である場合：28,000円

・片道35キロメートル以上45キロメートル未満である場合：24,400円

・片道25キロメートル以上35キロメートル未満である場合：18,700円

・片道15キロメートル以上25キロメートル未満である場合：12,900円

・片道10キロメートル以上15キロメートル未満である場合：7,100円

・片道2キロメートル以上10キロメートル未満である場合：4,200円

・片道2キロメートル未満である場合：全額課税

③　交通機関を利用している人に支給する通勤用定期乗車券：1カ月あたりの合理的な運賃等の額（最高限度額150,000円）

④　交通機関または有料道路を利用するほか、交通用具も使用している人に支給する通勤手当や通勤用定期乗車券：1カ月あたりの合理的な運賃等の額と②の金額との合計額（最高限度額150,000円）

（出典：国税庁「通勤手当の非課税限度額の引上げ」（2016年4月））

このように、通勤手当には他の手当にはない非課税限度額というものがありますので、こちらの金額を基準に決定するという方法もあります。

3・問題を解決することによるメリット

通勤手当として支給することによって、所得税が非課税となる部分があるというメリットもありますが、遠くから通勤している従業員と、近くから通勤する従業員の通勤に対する労力の差を直接給与でも差が付けることができます。通勤に対する労力を考慮したいと思う経営者であれば、その思いが形になるものなので、導入するメリットがあるかと思います。

4・人事労務管理制度に反映させる上でのポイント

上記のようなメリットがある反面、経営者の思いが成果主義で、業務の成果で給与を決定したいのであれば、成果とは無関係となる通勤手当は導入すべきか再検討が必要となります。

残業代は基本給÷所定労働時間の単価に割増率を 掛ければよいですか?

1・勘違いしているポイント

　割増単価に入れなくてもよい各種手当もあり、人事労務担当者の中には、基本給のみで割増賃金等の時間単価を計算してよいと思っている方がいます。残業代の計算について、基本給のみを対象とし、時間単価を出すという方法は間違っています。基本給以外にも残業代の計算の基礎となるものがあることについての理解が必要です。このような勘違いをしたままでいると、未払い残業代が発生している状態となり、リスクを抱えたままの運用となってしまいます。

2・問題に対する解決策

　まずは残業代の計算の対象となる各種手当を理解して下さい。これは残業代に限らず、深夜勤務の割増、休日勤務手当の割増の基礎にもなりますので、ここでは割増賃金と記載します。割増賃金の計算の基礎の算出方法ですが、月給者の場合、基本的には基本給から各種手当までをすべて合計して、そこから所定労働時間を除すことで一時間の単価を算出します。

　（基本給＋各種手当）÷１カ月の所定労働時間数＝１時間の単価

　ここでのポイントは、上記の計算において、割増賃金の計算の基礎から除外してよいとされる諸手当・賃金がありますので確認してみましょう。

　①　家族手当（扶養手当）

　②　通勤手当

③ 別居手当（単身赴任手当）

④ 子女教育手当

⑤ 住宅手当

⑥ 臨時に支払われた賃金

⑦ １カ月を超える期間ごとに支払われる賃金（賞与など）

上記①〜⑦については、割増賃金の計算の基礎に含めず計算することが可能です。

これまでは月給者の対応について確認してきましたが、そのほか、時間給者であれば時間給が１時間の単価となりますので、そのまま時間給に対して割増率を掛けて計算します。次に、日給者であれば「日給÷１日の所定労働時間数」となります。ただし、１日の所定労働時間数が日によってバラバラの場合、１週間を平均して１日の所定労働時間を算出します。最後に、出来高払制（歩合給）の場合は「算定期間の賃金総額÷算定期間の総労働時間数」で１時間の単価を出します。また、月給者でかつ一部分が歩合給という場合は、月給の部分は月給の割増賃金の単価の計算をし、出来高払制（歩合給）の部分は出来高払制（歩合給）の単価の計算をし、それぞれを足して１時間の単価を出します。そして、算出した単価に対して割増賃金率を掛けることで、割増賃金の単価を正しく求めることができます。

■割増賃金率の一覧

割増の区分	割増率
法定労働時間（1カ月60時間以下の部分）※1日8時間または週40時間を超える労働	25%以上
法定労働時間（1カ月60時間を超えた部分）※大企業のみ	50%以上
深夜労働（午後10時から午前5時まで）	25%以上
休日労働（法定休日の労働）	35%以上
法定時間外労働（1カ月60時間以下の部分）＋深夜労働	50%以上
法定労働時間（1カ月60時間を超えた部分）※大企業のみ＋深夜労働	75%以上
休日労働＋深夜労働	60%以上

　就業規則の中で、どの手当が割増賃金の基礎に含まれ、どのように計算するかを明確にしておくことも大切です。

3・問題を解決することによるメリット

　残業代の単価が正しく計算されることにより、未払い残業代が発生しなくなります。それにより、余計なリスクを避けることができ、安定した経営に繋げられることができます。また、給与が正しく計算されていることにより、従業員の働く上での安心感にも繋がります。

4・人事労務管理制度に反映させる上でのポイント

　もし、過去に本Questionのような計算をしてしまっていて、今後、適切に見直すのであれば、いきなり残業代などの単価が変わり従業員が戸惑ってしまうこともあるので、適切な説明をすることが必要です。また、合わせて過去の未払い残業代の清算も必要となってきます。時効を迎えてしまった残業代も含めて、どのように対応するか労使で話し合い、円満に解決していく方法を決定することが必要となります。

遅刻を数分した従業員から給与を控除しました

1・勘違いしているポイント

　給与を控除することについて、従業員の生活のこともあるので、遅刻控除についても特別な定めがあると思われている人事労務担当者はよくいます。しかし、遅刻した従業員から、遅刻した分の給与を控除することはまったく問題ありません。ただし、控除の方法には注意が必要で、5分遅刻した従業員に対し、15分に切り上げて給与から控除することは「賃金の全額払の原則」に違反する行為となりますのでできません。例のように不適切な控除の取扱いをしてしまうと、10分間については遅刻もしていないのに給与から賃金を控除されるので、本来支払われるべき給与が支払われていないことになります。当然、その部分は未払賃金の対象となり、会社はリスクを背負った状態となってしまうデメリットがあります。

2・問題に対する解決策

　特定の従業員が遅刻や早退などを繰り返すことにより、業務に支障が生じることや、職場の雰囲気が悪くなってしまうことがあります。そこで、会社によってはペナルティの意味を込めて5分の遅刻を15分や30分の給与控除としてしまうケースがありますが、先程述べたとおり「賃金の全額払の原則」に違反してしまうことになりますので、実際に遅刻した以上の時間分を賃金から控除する扱いはできません。そこで、給与の控除（給与計算）と罰則は切り離して考えなければなりません。

　まず、給与計算はノーワーク・ノーペイの原則（従業員が遅刻や早退、

欠勤で仕事をしていない時間や日については、会社はその分の賃金を支払う義務は発生しないという原則）が民法第624条に定められていますので、働いていない部分の時間については、控除しても問題ありません。たとえば、5分の遅刻について5分分の給与控除をするということです。

　給与控除の問題とは別に遅刻しても遅刻した分だけしか給与から控除されなければ頻繁に軽微な遅刻を繰り返すケースも出てきてしまいます。そうなると企業秩序が乱れてしまうため罰則も考えていかなければなりません。罰則について、法律で定められているものではないので、会社ごとで定める必要があります。就業規則で特に理由もなく遅刻や早退、欠勤をした場合を懲戒事由とし、譴責処分とすれば、会社は厳重注意をし、始末書の提出をさせることができます。まずはこのような対応で、理由のない遅刻や早退、欠勤はいけないことであるということを従業員に理解してもらいます。それでも遅刻や早退、欠勤を繰り返すようであれば、減給の制裁など、譴責よりも思い処分を下すことも可能です。ただし、減給の制裁については厳格にルールが定められており、1回につき平均賃金の1日分の半額まで、一賃金計算期間で10％までというルールがありますので、注意が必要です。

　また、あまりに遅刻や早退、欠勤が多い職場であれば、理由のない遅刻や早退、欠勤があった場合に不支給とできる「皆勤手当」の制度導入なども検討してみるとよいでしょう。こういった制度が無用な遅刻や早退、欠勤を抑制する場合もあります。

3・問題を解決することによるメリット

　就業規則で遅刻等のルールを明確にすることにより、遅刻や早退、欠勤に対する意識が高まり、それぞれ従業員同士が協力し合いながら働ける風通しのよい職場となります。また、就業規則で遅刻の種類を、寝坊、交通渋滞、公共交通機関の遅延、天候不良、病気・怪我、事故など定め

ることにより、どの遅刻がどのように扱われるかが明確になり、公平な従業員対応ができる職場環境の構築へと繋げられます。

４・人事労務管理制度に反映させる上でのポイント

労働時間とは何かという定義を従業員に周知させることが大切です。労働時間の定義を理解することにより、どの部分が給与の対象となっているか明確になり、また、禁止事項が明確になりますので、労働についてより深く考えるきっかけとなります。

正社員として雇った従業員を、能力が低いのでパートに契約を切替え時間給で給与を支払うことは可能ですか?

1・勘違いしているポイント

　労働条件の変更は解雇と異なり、容易に可能だと勘違いされている人事労務担当者が多くいます。労働条件の変更となることですので、一方的に変更することはできませんが、従業員との合意があれば可能です。労働契約法第8条では「労働者及び使用者は、その合意により、労働契約の内容である労働条件を変更することができる。」とあり、会社と従業員が合意できていれば問題ありません。一方的に正社員からパートに切り替えるということでなければ問題とはなりません。ただし、本人との話合いもなく一方的に新しい労働条件などを提示し進めてしまうと、当然、労働トラブルに発展してしまいますので、注意が必要です。また、能力が低いという理由で正社員からパートに切り替えるということですが、能力が低いということに対して、明確な基準を設けて、その基準に照らし合わせ、能力が低いと判断ができるなど、明確な根拠がなければ従業員も納得し、労働契約の変更に合意はできないと思います。能力が低いということがわかる明確な根拠が必要となります。

2・問題に対する解決策

　労働契約の変更をした従業員が本当に能力が低いのかを検証することが必要となります。たとえば、人事評価制度の人事評価表や、職能評価表がある場合は、その表に当てはめて実際、能力が低いということが客観的にわかります。人事評価制度の基準で能力が低いと判断することは問題ありません。次に、客観的基準がない場合の一例を上げます。採用

時に一定の売上げや目標数値の達成を約束していたにもかかわらず達成ができないような場合に改善に向けた指導を繰り返しても改善するための行動をとらないことが続き、その事実を記録して残しておくなど、能力が低いと判断することも可能です。

　そして、能力が低いと判断した場合の対処として、いきなりパートに契約を切り替えるのではなく、正社員のまま減給という対応、契約社員として契約を切り替える対応、一定期間の状況を再度判断した後にパートに切り替える対応など、さまざまな対応が考えられます。どの方法で対応するにせよ、労働条件の不利益変更に当たるので、従業員との合意が必要になります。合意を得る際には会社として求めていることとの相違や、能力の評価についてなど根拠を提示し、従業員が納得できるまでの説明をすることが必要となります。一定期間の状況を再度判断するのであれば、期限を決めて達成してほしいことや習得してほしいことなどを提示して、それを達成できるのであれば現状と変わらず正社員として契約を継続するなどの含みを持たせた内容で話しができるとスムーズかもしれません。どうしてもパート契約に切り替える必要があれば、書面を交わし、合意を得ることが必要となります。

3・問題を解決することによるメリット

　正社員以外のいろいろな契約内容を提示することができ、従業員にとって正社員とは別の働き方が合っていたというケースもあります。従業員それぞれの生活環境や特性を判断し、さまざまな働き方が提示できると、より一層柔軟な働き方に繋がり、生産性の向上に繋げられることも考えられます。

4・人事労務管理制度に反映させる上でのポイント

　労働条件の変更が伴うケースでは、従業員が納得できるまで話し合い

をすることが大切です。不満を抱えたまま新しい労働条件で働いても、当然モチベーションは上がらず、生産性は落ちていくばかりです。従業員には、十分に納得した上で書面で契約を交わし直し、イキイキと仕事ができる環境を整えることが大切です。

Q11 経営会議に参加し、人事権があれば管理監督者として時間外労働・休日労働の支払いをしなくて大丈夫ですか?

1・勘違いしているポイント

　経営会議に参加し、人事権があるというだけでは管理監督者とはいえず、時間外労働・休日労働の支払いをしなくてよいということにはなりません。「課長だから」や「部長だから」、「店長だから」といって管理監督者として取り扱ってしまっている企業もありますので、人事労務担当者が勘違いしているケースが多くあります。管理監督者と認められるにはさまざまな条件があり、その条件を満たして初めて管理監督者と認められます。経営会議に参加し、人事権があることも、管理監督者として認められるための条件の一部ですが、決してそれだけで管理監督者として認められるわけではありません。正確な管理監督者の理解が必要です。

　管理監督者について勘違いした取扱いをしていると、時間外労働・休日労働に対する賃金を支払っていないことにより、多額の未払賃金のリスクを抱えている状態となります。だからこそ、管理監督者というものを正確に理解し、正しく運用することが必要となります。

2・問題に対する解決策

　管理職と管理監督者が一緒になって理解をされている方もいるので、正しく理解することが大切です。

■管理職≒管理監督者

管理職	管理監督者
企業内で、マネジメントという名の下でさまざまな管理業務を行う者	労働基準法第41条第2号に定められ、労務管理上の指揮命令権限を有する等、その実態からみて経営者と一体的な立場にあり、出退勤について厳格な規制を受けず、自己の勤務時間について自由裁量権を有する者

　イメージとして、管理職の一部が管理監督者として取り扱うことができるといった内容です。たとえば、従業員数が100名程度の会社であれば、管理職は10名〜15名程度、そのうち管理監督者が1〜2名程度といったところです。

　管理監督者として認められるには4つの判断基準があります。

(1)　職務内容

　経営者と一体的な立場において職務を遂行する者。一体的な立場で職務を遂行するというのは、経営の方針に基づいて、部門の方針の決定や予算の管理、部下の労働時間の管理などを行うこと。

(2)　責任と権限

　経営者と一体的な立場において職務を遂行することを前提に、部下の労務管理に関する責任と権限を与えられた者。労務管理に関する責任と権限とは、経営の方針に基づいて、部下の採用や配置、賃金その他労働条件の決定等を行う権限が与えられており、その結果に対する責任も担っている立場であること。

(3)　勤務態様

　経営者と一体的な立場において職務を遂行することを前提に、勤務のあり方に関して会社から何ら拘束を受けない者。具体的には、就業規則で定められた始業、終業時間に拘束されることなく出退勤の時刻を自由な裁量で決定できること。

⑷　地位にふさわしい待遇

　各月の給与や賞与などの待遇に関して、一般の労働者と比較し相応しい高い待遇を得ている者。具体的には、残業代なども支給されない代わりに、最初からそれなりに高い収入（総勤務時間を1時間単価に換算した場合、一般の労働者と比較し相応しい単価）を得ているといった待遇であること。

　このように、管理監督者と認められるには、かなり高いハードルがあるといえます。この4要件を理解した上で、実際に管理監督者として当てはまっているのか実態を確認します。そして、管理監督者として要件を満たしているのであれば、就業規則にも管理監督者の取扱いを明確にした規定を盛り込み、従業員とも自身が管理監督者だということを理解できる内容で雇用契約書を交わすことが大切です。

3・問題を解決することによるメリット

　適正な管理をすることにより、労使トラブルに繋がることもなくなり、さらに適正な賃金を支払うことにより、未払賃金のリスクもなくなります。そして従業員が、自分が管理監督者ということを理解することで、会社からの期待にも気付くことができ、自身が経営者側の人間だという自覚が芽生え、より一層仕事に対する意識向上に繋げられます。

4・人事労務管理制度に反映させる上でのポイント

　今後の運用ポイントとして、管理監督者となる方とそうでない方の労働条件を明確に分けることが大切です。線引きが曖昧であればあるほど、当然、労使トラブルに発展してしまう可能性が高まります。また、もし争いに発展してしまい、かつ管理監督者が否定された場合に、少しでも会社のダメージを軽減するために、管理職手当等で残業代相当額を支給しておくことも検討する必要があります。もし、管理監督者としては微

妙な状況であれば、リスクを冒さず時間外労働、休日労働に対する賃金
を支払うことをお勧めします。

Q12 定年後再雇用する際に、給与を下げることは問題ありますか?

1・勘違いしているポイント

　定年退職後に新たな契約で再雇用をするものの長く勤務した従業員の給与を下げることに、本当によいのだろうかと思われる人事労務担当者は多くいます。結論から伝えると給与を下げたからといって、ただちに違法となり問題となるというわけではなく、一定の合理性があれば問題ありません。給与の決定には、3つの観点で考える必要があります。

2・問題に対する解決策

　定年後再雇用時の給与を決定する際には、次の3つの観点の理解が必要です。

　①　従業員の業務の内容および当該業務に伴う責任の程度

　②　当該職務の内容および配置の変更の範囲

　③　その他の事情

　まず、「①　従業員の業務の内容および当該業務に伴う責任の程度」とは、定年前の業務と定年後の業務の内容が変わる場合、当然業務によって給与は変わることから、定年前より軽微な業務に変更になっていれば給与が下がるということは問題ありません。また、定年前の責任の程度、範囲と比較し、定年後再雇用時は小さくなっている場合が少なくありません。そういった場合も給与が下がることは問題ありません。

　次に「②　当該職務の内容および配置の変更の範囲」とは、仕事の内容や人事異動などによる配置に変更が定年前と比べてどの程度になっているかです。配置の変更等が定年前に比べて小さくなっていれば、給与

が下がることに問題はないといえます。

　ただし、上記①②の内容に照らし合わせて法的に合理性のある給与の下げ方をした場合でも、従業員にとっては給与が下がることに変わりはありませんので、やはり仕事に対するモチベーションという側面から考える場合には、さまざまな事情を総合的に判断することが望ましいものです。

　次に定年後の再雇用については、労働条件が変わるということを就業規則等で明記することが必要です。記載するポイントは次の5つです。

① 再雇用契約の1回の契約期間の上限および契約する年齢の上限

② 仕事内容・賃金等の労働条件の通知方法

③ 定年前の職務内容や労働条件を保証するものではないことの記載

④ 会社と従業員で契約に関して合意ができない場合に契約更新がされないことがあるという記載

⑤ 退職金の支給がある場合、再雇用期間の取扱い

　※支給対象とならないのであれば支給しないことを明確に記載

　社内の規定で定年後再雇用のルールを明確にした後、次は、定年を迎える前に定年後の勤務について話合いをする場を設けることです。そこで定年後の働き方について会社が求めるものや労働条件など事前に提示し、双方納得できる内容を作成することです。再雇用にあたって、仕事の内容、勤務体系、勤務時間などで、いくつか選択肢を与えてあげることができるとより話合いもスムーズに進むと思います。双方納得できる内容ができたら、その内容を基に定年前とは労働条件が変わることを明記した再雇用契約書を交わして下さい。

3・問題を解決することによるメリット

　定年後の従業員について多様な働き方を検討することができ、人材不足の状況が続いている現在、継続して会社の戦力となってもらうことが

できます。また、定年後の再雇用の期間で、今までの経験、知識などを次の世代に繋げられ、人材育成の視点からも会社にとってより有益になります。

4・人事労務管理制度に反映させる上でのポイント

　定年後の働き方や給与など、どの程度になるのかを定年年齢の数年前からわかりやすく提示していくことがトラブルにならないポイントです。従業員にとっても安心して長く働くことができる環境を作るためにも、定年後の再雇用制度設計を構築することが大切です。

第3章 退職について

　人事労務担当者として、従業員の退職に関する業務は最も慎重に進めて頂かなければならない業務の一つです。退職の理由や手続きの進め方に不満を持った従業員とトラブルになるケースは少なくありません。立つ鳥跡を濁さずと考える従業員がいる一方で、今まで会社との関係性が良好であった方でも、家族等からの助言を聞きさまざまな指摘や要求をされる方が増加しています。

　勤務中の待遇で問題があったのであればもちろん是正しなければなりませんが、ここ最近の従業員からの指摘や要求には、さまざまな情報を間違って理解している場合も多くあり、人事労務担当者として安易に回答ができない状況になっています。

　中小企業の人事労務担当者が退職に関して、よく見受けられる勘違いについては下記の２点があげられます。

　1　退職理由についての勘違い
　2　退職の時期に関する勘違い

　ここでは上記１について解説します。

1 退職理由についての勘違い

(1)　退職理由についての勘違い

　退職勧奨と思われる話をしたにも係わらず、退職届は一身上の都合として提出させているケースをたびたび伺います。話の内容により、会社都合・従業員都合は当然変わります。しかし、人事労務担当者の中で、最終的に退職届を一身上の都合として提出してもらえれば従業員都合の退職として処理を進めてよいと理解されている方も多く見受けられま

す。

(2) 問題に対する解決策

　会社都合の退職と従業員の都合による退職の定義を正確に理解する必要があります。

　退職届に一身上の都合と記載されていても、実際には退職勧奨を実施している場合、会社都合での退職となります。下記に退職理由をまとめます。

① 退職理由の区分について

退職の理由	退職の区分
定められた期間が到来した事による退職	・定年退職 ・有期雇用契約の期間が満了したことによる退職
会社都合による退職	・退職勧奨 ・解雇、懲戒解雇
従業員の都合による退職	・合意退職 ・辞職

② 退職理由の判断が難しい具体的な例

　会社として慰留をしたけれども定年年齢をもって退職した従業員がいた場合、退職理由は当然、従業員の都合の退職ではなく定年退職となります。これは、元々就業規則等に記載がある規定に基づき退職しているので、いくら会社が慰留をして断られたとしても定年退職として取り扱うことになります。問題となるのは、業務上の指導や退職勧奨に近い内容もしくは退職勧奨を従業員にした場合の取扱いです。業務上の指導を厳しくした場合、もしくは具体的な業務の目標を達成できないと退職となる旨を伝えた場合、退職を勧奨されたと勘違いをされるケースは多くあります。人事労務担当者としては、退職に関して話合いをした担当者に詳細を聞き内容を把握し

た上で退職勧奨であったのか、もしくは業務上の指導であったのか
をその都度判断しなくてはなりません。

⑶　**退職理由の勘違いを解決するメリット**

　退職時にトラブルを減らし、従業員に気持ちよく最後まで勤務して頂
くことは、会社にとって大きなメリットがあります。退職理由が会社の
考えている内容と従業員とで異なる場合は、ハローワークでの求職者給
付の内容が違ってきますので、離職して早い段階で訴訟等のトラブルと
なる可能性があるからです。

　また最近多くなっているＳＮＳを使用してのソーシャルリクルーテン
ングやリファラル採用を進めやすくなることもメリットです。退職した
従業員がＳＮＳに社名を記載せずに退職時の内容を投稿しても、プロ
フィール等では社名がわかる場合があります。少しでもよい形で投稿し
てくれれば、その後のソーシャルリクルーテングによい影響を与えま
す。また、問題があった社員に対しても最後まで真摯に対応していれば、
人事労務がしっかり整備されている会社だということがアピールできる
こととなりますので、その後のリファラル採用に繋がります。

⑷　**人事労務管理に反映させるためのポイント**

　大切なことは在職している他の従業員に対して不要な不安を与えない
ことです。懲戒に近い問題を起こし退職する場合等を除き、当然社内に
は親しい同僚がいたはずです。当たり前のことですが、退職時のネガティ
ブな情報はすぐ社内に広がります。

Q1 退職の希望を伝えてきた従業員に対し、業務の引継ぎができる従業員が見つかるまで退職時期を延ばしてもらうことはできますか?

1・勘違いしているポイント

　退職の話があった際に会社の都合で退職時期を延ばしてもらう話をすることだけでも法律上問題ではないのかと勘違いされている方が多いです。退職時期を延ばしてもらうことをお願いすることは可能です。ただし、強制的に行うことはできませんので、あくまで会社と従業員双方が合意することが必要です。労働基準法では解雇の規定はあっても退職についての規定がないため、就業規則等で定められた内容で進めていくことになります。ただ、今回のケースのように業務の引継ぎが見つかるまでの延長をお願いする場合、いつまでということが明確にならないので、従業員にとってみれば次の就職先の入社時期を決めることができないなど、不都合な状況も生まれてしまうので、慎重に話し合いをすることが大切です。話合いの内容、話し方などで脅迫的にとらえられてしまい、退職代行業者が間に入ってきて問題が大きくなってしまうケースもあるので注意が必要です。

2・問題に対する解決策

　まずは、就業規則に退職について明確な規定を定めることです。
ポイントは次の5点です。
① 　合意退職をする際の申出期限（原則1カ月前まで等）
② 　一度合意した退職期限について双方が合意しない限り変更ができない旨の記載
③ 　一度合意した退職の申出は、双方が合意しない限り撤回できない

旨の記載

④　退職日までに業務の引継ぎを完全に行うことの記載および違反した場合の取扱いについての記載

⑤　引継ぎが完了しない場合で従業員が合意した場合、退職日が延長できる旨の記載

　就業規則に合意退職について規定を定めることで、従業員は退職時に引継ぎが必要なことを理解でき、引継ぎなどがしっかり行われていない場合などに、退職時期の延長があることが明確になります。

　今回のケースでは、まずは上記のポイントをベースに話合いの場を設けます。そこで会社の意向を伝え、あくまで強制力はないので、どうしても延長してほしい場合は特別給与の支給などの待遇改善を行うことで話合いがスムーズに行われることもあります。また、後に言った言わないといったトラブルに発展しないためにも、話合いの記録は書面で残すようにして下さい。

3・問題を解決することによるメリット

　業務の引継ぎは労務管理の中でも非常に重要な項目となります。合意退職について明確に規定になっていることで、今回のケースのように退職時の引継ぎがまだ完了していない場合、話合いの場を設けることができ、規定を根拠に話をすることで、引継ぎが完了するまで退職時期を延長してもらえる可能性が高まります。また、退職時の不要な労使トラブルを避けることができ、安心して働くことのできる職場環境になります。

4・人事労務管理制度に反映させる上でのポイント

　入社時に就業規則の内容を十分に理解してもらえるよう説明をし、退職時期の延長をしてもらいたい場合はあくまでお願いであることを明確にすることです。また、退職時に年次有給休暇が残っている場合、残日

数をまとめて取得請求されるケースもあり、そのような場合も今回と同様に業務の引継ぎが完了しないことがあります。普段から年次有給休暇が多く残ってしまわないようにしっかりと取得できるような制度を入れておくことも大切です。普段から従業員との良好な関係が築けていれば、次の就職先がすでに決まっていて退職時期をどうしてもずらすことができない場合以外は、前向きに検討してくれることでしょう。

入社後すぐに契約書に記載されている業務内容が体力的にできないと医師からの診断書を添えて業務変更願いがありました。変更しなければなりませんか?

1・勘違いしているポイント

医師の診断書があるので、すぐに変更しなければならないと思われるのも当然です。しかし、契約書に記載されている業務内容で就業してもらうことを前提に雇用もしています。入社後すぐに業務変更の願出があっても会社としては困ってしまいます。そこで重要となってくるのが契約書です。雇用契約書の中で業務変更に対してどのような記載があるかを確認しその内容によってどのようにするかを検討して下さい。

そして、デメリットとして、他に業務の変更を希望していた従業員がいた場合、その従業員との公平性が取れず、元々いた従業員の不満や離職に繋がってしまうので注意が必要です。

2・問題に対する解決策

入社後すぐであれば試用期間中だと思いますので、その試用期間中の取扱いがどのようになっているか、また、配置転換についての取り扱いがどのようになっているかで、変更の可否を決定します。ただし、その時点で配置転換のできる業務がない場合があります。そのような場合は従業員と話し合いの上、今後のことを決めていくことが必要となります。

今後の対応としては、まずは入社時に業務内容をしっかりと伝えて、その内容で業務に就けるかを確認します。そして、業務内容に相違がなければ雇用契約を締結します。この雇用契約書の中で、より具体的にどの業務に就いてもらうかを明確にします。また、雇用契約を締結する前に、一度、業務の内容を見てもらうこともよいでしょう。実際の業務を

見ることで、自身がどのような業務に就き、どのようなことをするのか
イメージができるので、よりトラブル回避に繋がります。また、ここで
より慎重な対応をとるのであれば、トライアル制度を使用して期間を定
めて雇うことや、契約社員として期間の定めのある雇い方なども考えら
れます。期間を定めて雇うことで、会社も従業員を選ぶ立場ですが、逆
に従業員も会社を選ぶ立場なので、マッチング期間としてお互いが慎重
に考えることができます。

　そして、就業規則に業務変更はどのような場合にあるかを明確にして
おきます。どんな状況でも従業員からの業務変更希望を受け入れること
は難しいと思いますので、下記の2点を規定に定めて下さい。

①　会社が必要に応じて配置転換を命令し、従業員は正当な理由がな
　　ければ拒否ができないこと。

②　配置転換を行った場合、業務内容等により勤務時間、賃金などの
　　労働条件の変更が伴う可能性があること。

3・問題を解決することによるメリット

　Questionに示されるような問題に対する取扱いを明確にすることで、
業務の変更や配置転換に対して、その都度従業員間で不満がなくなり、
公平感のある職場形成ができます。また、それぞれの状況などに応じ、
臨機応変に会社が対応できるということで、労働力の維持にも繋げるこ
とができます。

4・人事労務管理制度に反映させる上でのポイント

　もし、元々の契約が職種限定だった場合、その業務に就くことを前提
に採用されているので、Questionに示されるような場合は変更ができ
ないということを明確に伝えることが大切です。ただし、そのような場
合でも、他に就ける業務があり、その業務に変更することが双方望まし

い結果になるのでれば、変更を前提に考え無用なトラブルを避ける方法
を考えるべきです。

Q3 会社からの貸付金があるので、最後の給与を銀行振込みではなく、現金を手渡ししたいのですが問題ありますか？

1・勘違いしているポイント

　賃金の支払いを銀行振込から直接現金で支給することで、従業員が受け取れるタイミングが遅くなる可能性があり、問題があるのではないかと思われている人事労務担当者が多くいます。しかし、就業規則等で最後の給与については現金で手渡しとするといった内容のルールがあるのであれば問題ありません。ただし、何もルールがなく、通常銀行振込みをしているのに最後だけ手渡しとすることは問題となってしまいます。

　労働基準法第24条には「賃金は、通貨で、直接労働者に、その全額を支払わなければならない。」と定められています。この定めでは現金を手渡しで支給することが原則となります。ただし、例外として、従業員の同意がある場合、従業員本人の銀行口座に振り込むことが可能となります。銀行振込み自体がそもそも例外なのです。ただ、現実はほとんどの企業は銀行振込みでの対応となっています。これは従業員の振込口座を記入してもらう用紙に、給与は銀行振り込みとすることに同意する内容の記載をしていたり、就業規則等の中で給与は銀行振込みによるものとする内容の記載があるからです。急に最後の給与だけは現金で取りに来るように伝えると、会社は給与を支払う気がないのではないかと勘違いされ、思わぬ労使トラブルに発展してしまうこともあるので、給与の取扱いについては細心の注意が必要です。

2・問題に対する解決策

　まずは、なぜ最後の給与のみ現金で直接支払う必要があるのかを考え

ます。たとえば、飲食業で制服を返してもらえないことが多いので最後の給与は制服を返してもらうことと合わせて直接支給する必要がある場合や、その他の業種でも作業道具や鍵、ETCカードなど、さまざまなものを従業員に預けている場合も多いと思います。貸与しているものを返却してもらうためにも、最後の給与は直接支給ではないと困るといったケースもあるかと思います。また、今まで会社に貢献してくれたことに対する感謝を直接伝えたいという理由で最後の給与は直接支払うこととして、その時に給与と合わせて花束など渡したいというケースもあります。

　理由はさまざまですが、どのような場合においても、就業規則で最後の給与は手渡しする場合があることを明確にしておく必要があります。就業規則等で定めるポイントは、次の2つです。

①　賃金の支払い方法について（従業員と同意がある場合、金融機関の本人名義口座への振込み）

②　退職時について、会社が必要と認める場合、振込みではなく、直接現金により支払うことについて

3・問題を解決することによるメリット

　就業規則等に退職時の賃金支払方法を定めることにより、制服、作業道具、健康保険証、貸付金などの回収を確実にすることが可能となります。また、通常、退職時に退職時秘密保持誓約書などの退職時の各種誓約書をもらっている会社も多いかと思います。企業情報や個人情報の漏洩を防ぐためにも、必ず秘密保持契約書などを交わしたいところですが、最後の給与支給時に必ず会うことができるのであれば、確実にもらうことができ、企業リスクを小さくすることができるメリットがあります。

４・人事労務管理制度に反映させる上でのポイント

　退職時の賃金を直接現金で支払う取扱いがあることを十分に理解してもらうことが大切です。まずは入社時にこのような取扱いがあることについて就業規則を基に説明をします。また、退職の意思表示があった段階でも改めてこのような取扱いを伝えます。そして、もし現在、在職中の従業員に周知されているか不安であれば、再度従業員に周知することをお勧めします。

病気で休職期間が満了した場合、従業員に退職してもらってもよいですか?

1・勘違いしているポイント

　休職期間満了による退職でも、雇用を継続しないことには変わりないため、解雇等と同様に労使トラブルになるのではないかと思われる人事労務担当者も多く見られます。就業規則で休職についての取扱規定が明確に定まっていて、従業員本人がそのルールを理解していれば、退職してもらうことに問題はありません。ただし、会社が退職を強要したことによる精神疾患やハラスメントによる精神疾患、長時間労働が原因の疾病であれば、会社に問題があり、解雇無効となるケースもあるので、一概に休職期間が満了したことにより一方的に退職できるかというとそうではないケースもあります。

　会社の規定で休職満了が退職と定められているからといって、そのような取り扱いをして一方的な「解雇」だと勘違いされて争いになってしまうケースもあるので、慎重に行う必要があります。

2・問題に対する解決策

　まずは、就業規則で休職に対するルールを定めます。そこで、従業員がどのような状況の場合、どのような休職に当てはまるかを明確にし、理解してもらいます。就業規則に定めるポイントは次のとおりです。

① 休職事由が消滅、または休職期間が満了しても復職できないと判断した場合は自己都合による当然退職となること。

② 勤続年数による休職期間の上限を定めること。

③ 病気等の状態により会社が復職の可能性が低いと判断した場合、

　　休職を認めない、もしくは休職期間の短縮をすること。

④　休職期間中に定年を迎えた場合、定年退職とすること。

⑤　休職満了時に近い将来復職できると会社が判断した場合、休職期間の延長ができること。

⑥　同一、または類似の事由での休職には回数制限を設けること。

⑦　医師の診断書を必ず提出させること。

⑧　医師の診断書の有効期限が満了する場合、その都度改めて提出の必要があること。

⑨　休職期間中に賃金は発生しないこと。

　上記のように休職の取扱いを明確にします。そして、規定のとおり休職期間が満了しても復職ができない場合は、当然退職や自然退職といった取扱いをします。病気休職自体、法定外の措置となるので、休職期間についても会社が任意で定めるものとなります。

　実際に休職者が出た場合、従業員には休職願を提出してもらい、会社は休職通知書を出すことにより休職の取扱いが明確になり、休職期間が満了となった場合トラブルになるリスクを抑えられます。

　そして、もし退職になってしまったとしても、社会保険の加入があれば、傷病手当金の申請が1年6カ月できるので、退職後も安心して病気療養することができます。

3・問題を解決することによるメリット

　上記のような手順を踏むことにより、まずは従業員自身が病気になり休職が必要となった場合、どのように会社が対応してくれるのかがわかります。また、傷病手当などの生活保障も理解することができ、安心して病気療養することがきます。

　そして、適正な退職理由を提示することができ、労使のトラブルを未然に防ぐことができます。

4・人事労務管理制度に反映させる上でのポイント

　休職期間に入る前に、事前に休職中の取扱い、休職期間満了時の取扱いなどを伝えることが大切です。伝え方は決して口頭ではなく、書面でわかりやすく通知して下さい。また、休職期間中は社会保険料もかかってきますので、住民税と合わせて、どのように従業員が会社に支払うかをあらかじめ決めておくことも大切です。

Q5 履歴書には運転免許を持っていると記載がありましたが、入社後免許の確認を求めたら拒否されました。退職させることはできますか?

1・勘違いしているポイント

　履歴書の内容が事実と異なるのであれば、経歴等詐称なのだから解雇等も可能だと考える人事労務担当者も多いと思います。免許証の確認がなぜ必要なのかで対応が変わります。たとえば、トラックドライバーやタクシーの運転手、社用車を使用しての外回りの営業など、車両を使用して業務を行う場合、当然運転免許証の確認が必要になります。そこで、従業員が免許証の確認を拒否した場合、解雇の対象となり得ます。ただ、免許証を確認することに対して明確な理由がない場合、免許証の提示を拒否したことで解雇ということは難しいでしょう。

　また、運転免許証以外にも、一定の資格が必要な業務に就いてもらう場合はその資格証、労働安全衛生法で定められている入社時の健康診断書、個人情報を扱う業務に就いてもらう場合の秘密保持誓約書、通勤手当の金額を算出するための住民票記載事項証明書などの提出がない場合も解雇の対象となり得ます。

2・問題に対する解決策

　入社後に必要な書類提出や免許証の確認をするのではなく、入社日までに提出し、確認をする制度にします。入社後何日以内などといったルールにすると入社後に問題が発生してしまいます。そして、内定の段階で内定通知書等で入社時に必要な書類を記載し、提出がない場合は内定を取り消す旨を記載します。そこで入社の段階で提出物が必要なことを理解してもらいます。

　入社の際の提出書類について、次のポイントを就業規則に定めて下さい。

①　入社時に必要な提出書類の一覧を記載する。

②　入社時に提出が必要な書類について、提出期限は入社日までとし、提出がなかった場合、採用の取消しをする。

③　提出書類の利用目的（たとえば、官公庁への届出や賃金の決定、人事異動、教育管理・健康管理等）

3・問題を解決することによるメリット

　入社時のルールにすることにより、入社する従業員も信頼し安心して働くことができます。また、入社時に提出物をすべて提出してもらうことで、入社後の労使トラブルを防ぐことができます。

　また、少ない時間の面接だけではどのような人物かわからないと思います。そこで、入社前に書類など、提出期限を設けて提出期限内にしっかり準備できるかということも、採用試験の一部とすることもできます。何日ぐらいで提出できるかなどで、どの程度入社に対して前向きかということもわかり、不要な人材を採用してしまうリスクを抑えられます。

4・人事労務管理制度に反映させる上でのポイント

　入社後に労使トラブルに発展しないためにも、入社前の内定時に必要な提出物を伝え、入社日までにすべて提出してもらうことが大切です。

Q6 65歳で定年した従業員が再度雇用してほしい旨を伝えてきましたが雇用しなければなりませんか?

 ＡＡ ·

1・勘違いしているポイント

　定年年齢や再雇用をしなければならない年齢等が複雑で勘違いされている人事労務担当者も多くいます。就業規則でどのように定められているかで対応が変わるので、必ずしも雇用しなければならないわけではなりません。まずは就業規則で定年後の再雇用について、自社の就業規則でどのように規定されているかを確認して下さい。

　高年齢者等の雇用の安定等に関する法律（高年齢者雇用安定法）が一部改正され、2013年4月に施行されています。内容は、60歳定年後、本人が希望をすれば65歳まで働き続けることを可能とする内容です。具体的には次の3点のいずれかを導入することが求められました。

　①　定年制の廃止

　②　定年の引き上げ

　③　継続雇用制度（再雇用など）の導入

　多くの企業は③の「継続雇用制度の導入」を選択しています。60歳を定年年齢とし、その後65歳までは継続雇用制度で雇い続けるという方法です。65歳までの継続雇用についても、段階的に65歳まで引き上げられていることになっています。

期間	継続雇用年齢
2013年4月〜	61歳
2016年4月〜	62歳
2019年4月〜	63歳
2022年4月〜	64歳
2025年4月〜	65歳

　今回のケースでは、65歳が定年ということなので、法律ではそれ以上のことは求められておりませんので、65歳以後の雇用の判断については就業規則の定めに従って対応して下さい。

2・問題に対する解決策

　定年が何歳で、その後の雇用についてはどのようにするかなど、就業規則で明確に定め、定めに従って運用をして下さい。

　就業規則には下記の点を定めて下さい。

① 定年の年齢を決める。

② 定年後再雇用の有無を記載する。

③ 定年後再雇用制度がある場合、再雇用する上限年齢を定める。

④ 定年後再雇用のいちどの契約期間の上限を定める。

⑤ 定年後再雇用をしない理由を定める（たとえば、懲戒事由に該当した等）。

⑥ 定年後再雇用が定年前の労働条件を保証するものではないことを記載する。

⑦ 退職金については、定年時に支給し、定年後再雇用については退職金を支給しないことを記載する。

　定年年齢と定年後の再雇用の年齢について明確にし、運用をすることが大切です。規定を作成したら運用ではイレギュラーな対応はせず、定めた年齢まで働けるしくみ作りが必要です。会社が65歳以上でも能力

がある従業員は仕事をしてほしいなどの希望があれば、何歳までどのような取扱いができるかを記載した就業規則の見直しが必要です。

3・問題を解決することによるメリット

　勤務することができる年齢を明確にすることにより、退職時の無用なトラブルをなくすことができます。また、従業員もいつまで働くことができるかが明確になり、安心して働くことができます。そして、定年年齢、継続雇用可能年齢を引き上げるなどの見直しをした場合、安定した雇用の確保に繋げることもできます。

4・人事労務管理制度に反映させる上でのポイント

　定年年齢を迎える少し前から、今後の働き方について、従業員と話し合っておくことが大切です。事前に会社の希望と従業員の希望をすり合わせておくことで、双方にとってより納得のいく雇用契約を締結することができ、安心して働いてもらうことができます。

社員同士の交際を禁止することはできますか?また、交際が発覚した場合退職とすることはできますか?

1・勘違いしているポイント

　過去に従業員同士の交際が労使トラブルに繋がった経験がある会社では、労使トラブルを回避するために交際を禁止することが可能と思われている人事労務担当者が多くいます。しかし、社内恋愛を禁止事項として定めることはできますが、その定め自体が有効とは判断されず、ただの抑止力としての機能のみとなってしまいます。基本的に恋愛はあくまで個人の自由です。就業規則等で禁止したとしても、その規定には効力は期待できません。たとえ社内で知り合って恋愛に発展したからといって、業務とはなんら関係のないことで、あくまでプライベートなこととなるので、会社が制限をすることはできません。プライベートなことに強制的に制限をかけようとすると、従業員からの反発が起こり、思わぬ労使トラブルに発展してしまうというデメリットがあるので、会社としても慎重に考える必要があります。

　また当然、交際が発覚したという程度で退職とするということはできません。交際をしていることに対して懲戒の規定を当てはめることは難しいですが、交際をしていることにより社内秩序、風紀が乱れるようなことがあれば、それを理由に対応を考えることはできます。

2・問題に対する解決策

　まずは会社として、恋愛禁止というルールが本当に自社に必要なのかを再考します。社内恋愛を制限したい理由として、たとえば、上司と部下の関係で恋愛となると人事評価でひいきなどがあり、職場秩序が乱れ

てしまう、不倫関係となる恋愛があるとそのパートナーと会社とで不要なトラブルが発生してしまう、あるいは社内恋愛をしていることで、業務に集中することができなくなり、業務運営に支障が出てしまうからでしょう。このように、社内恋愛についてはさまざまな問題に発展してしまうケースがあるので、社内恋愛自体を禁止したいという考えになることもあるかと思います。しかし、このようなルールが今の時代に即したルールなのかを今一度考えてみて下さい。それでもやはり社内恋愛には制限をかけたいということであれば、社内恋愛をすることに罰則を設けることができないので、社内恋愛に付随する問題に制限をかけていく方法しかありません。

①　従業員同士の恋愛関係から業務をせずにおしゃべりをしているようなことがあれば、就業規則で「業務中の私語は禁止します。」といったルールを作ります。

②　従業員同士の不倫関係を禁止したいのであれば、就業規則に「職場の風紀や秩序を乱してはならない。」といったルールを作ります。

③　恋愛関係により不当な人事評価に繋がってしまうようなことがあれば就業規則に「人事評価者は、業務とは関係のない私情を人事評価に反映させてはいけません。」といったルールを作ります。

④　恋愛関係の従業員同士が業務中にけんかをすることや、逆に恋愛中ということを見せつけるような行為を禁止したいのであれば「他の従業員が不快に感じる行為を禁止します。」といったルールを作ります。

以上のようなルールを就業規則で定め、懲戒処分と紐づけをし、従業員に周知することで、社内恋愛自体には制限はかけられませんが、それ以外の部分で社内秩序、風紀が乱れることを防ぐことができます。

3・問題を解決することによるメリット

　このように対応することで、業務とプライベートが明確に分けられ、不要な労使トラブルを防ぐことができます。また、必ずしも社内恋愛が悪いことではなく、職場結婚ということも通常ではよくある話で、従業員にとっての最良のパートナーに出会う場がたまたま職場だったということもあり、職場結婚は喜ばしく幸せなことだと考えるべきです。

4・人事労務管理制度に反映させる上でのポイント

　もし、社内恋愛をしていることで、業務に支障が出てきてしまっているようなことがあれば、当然ですが人事評価の対象とします。

　そして、就業規則等で社内恋愛を禁止する項目を作成することはできても、法的には無効となってしまうことを理解した上で、社内恋愛自体を禁止するのではなく、社内恋愛から発生する職場トラブルを未然に防ぐルール作りをすることが大切です。

退職時に、離職票がいらないと言った従業員がその後離職票の発行を依頼してきました。対応する必要はありますか?

1・勘違いしているポイント

　退職時に離職票の請求をしなかったのだから発行をする必要はないと勘違いされている人事労務担当者が多くいます。退職者から請求があった場合、離職票を交付することは雇用保険法第76条第3項に定められた会社の義務となります。退職時は離職票の発行は不要と言っていた従業員に対してでも、後から必要となり離職票の発行を会社に依頼してきた場合は、会社は対応する必要があります。ここで対応を拒否してしまうと、ハローワークから離職票発行義務に対しての勧告をされてしまう場合があります。ハローワークから勧告がある場合、退職した従業員本人がハローワークに勧告の依頼をしているため、そのまま対応しないということとなると最悪の場合、労使トラブルに発展してしまうデメリットがあります。

　また、よくあるトラブルとして、失業手当を受給できる期間は原則として離職日の翌日から1年間となっています。失業手当の給付日数は下記の表のとおり定められており、日数によっては離職票発行の手続きが遅れてしまうと、最後まで失業手当をもらうことができなかったということになり、そこから労使トラブルになることもあるので、会社は早めの対応が必要となります。

■失業手当の給付日数

（自己都合退職の場合）

被保険者期間	1年以上10年未満	10年以上20年未満	20年以上
給付日数（65歳未満）	90日	120日	150日

（会社都合退職の場合）

被保険者期間	1年未満	1年以上 5年未満	5年以上 10年未満	10年以上 20年未満	20年以上
30歳未満	90日	90日	120日	180日	―
30歳以上 35歳未満	90日	120日	180日	210日	240日
35歳以上 45歳未満	90日	150日	180日	240日	270日
45歳以上 60歳未満	90日	180日	240日	270日	330日
60歳以上 65歳未満	90日	150日	180日	210日	240日

2・問題に対する解決策

　実務対応としては、離職票が必要なのか不必要なのかを従業員の意向を確認してから発行するかしないかを決めるのではなく、雇用保険加入者が退職する場合は、必ず離職票を交付することをお勧めします。また、退職時には離職票以外にも源泉徴収票など従業員本人に渡す書類がありますので、合わせて発行し、まとめて郵送等で対応するなど、退職時の事務手続きを一連のパッケージ化することで、退職時の事務手続きがスムーズになります。こうすることで、後から必要になったので発行してほしいなどと求められ、通常業務以外のイレギュラーな対応に追われることもなくなります。

3・問題を解決することによるメリット

　このように対応することで、離職票の要不要の確認、後から発行の依頼があった場合、遡及しての手続きが減るなど、事務手続きが軽減されます。また、失業手当がすべて給付されなかったというトラブルもなく

なり、不要な労使トラブルを避けることができます。

4・人事労務管理制度に反映させる上でのポイント

　従業員からの退職の意思表示があった段階で、離職票の取扱いについてなど、説明することが必要です。退職時誓約書などを渡すタイミングで、退職説明書などを添付し、退職後の流れなどを説明した書面を一緒に渡せると、従業員も安心して退職することができます。

Q9 退職届が提出された後に、退職を撤回したいと言われました。勤務させ続けないと会社都合の離職として取り扱われるのでしょうか?

 A ･･････････････････････････････････････

1・勘違いしているポイント

　退職の意思がない従業員を退職させることになるので、会社都合の退職になるのではないかと思われる人事労務担当者も多くいます。しかし、一度提出された退職届を会社は撤回する必要がなく、もし撤回せずにそのまま退職日に退職してもらったとしても、会社都合での退職という扱いにはなりません。

　自己都合退職には2つのパターンがあります。従業員から一方的に「退職届」が提出される辞職と、「退職願」が提出され会社と従業員が合意しての退職です。まずはこの違いを理解することが大切です。

　まず、従業員からの一方的な退職である辞職について説明します。辞職は民法第627条第1項に規定に基づき、退職届を提出してから14日を経過したときは、会社の承諾がなくても退職となります。辞職では会社の合意は必要ないので、会社が退職届を受け取ってから会社との合意もなく、14日を経過すると雇用契約が終了することになります。

　次に、会社と従業員が合意して退職するケースです。通常、最もスタンダードな退職です。合意退職は従業員から「退職願」が提出され、そこには退職希望日が記載されています。会社と従業員はその退職日で引継ぎなどさまざまな要因で問題がないかを確認し、話合い退職日を決定します。合意退職では会社の承諾権限のある決定者（中小企業では社長など、大企業では人事担当取締役や人事部長など）が承諾した段階で退職日が決定し、会社が承諾した段階で従業員から一方的な撤回はできなくなります。

　退職理由が自己都合と会社都合では、失業手当を受給するときに条件に大きな差があり、会社都合で退職した方がより手厚く失業手当を受給することができます。退職についてどのような取扱いとなるかを明確にしておかなければ、退職理由が原因で労使トラブルに発展してしまうことがあるので注意が必要です。

2・問題に対する解決策

　問題を解決するためには、就業規則等の規定で退職の取扱いを明確にすることです。辞職と合意退職の違いを記載し、退職時の取扱いを明確にすることが必要です。退職の種類、条件について定め、辞職と合意退職については下記の例のように定めて下さい。

（1）　辞職

　　自己の都合による一方的な退職：退職届を提出した日から14日を経過した日

（2）　合意退職

　　自己の都合による退職願を提出し、退職日について労使双方が合意した退職：合意により決定した日

　辞職、合意退職について規定に定めることにより、従業員に自己都合退職について、どのようなルールになっているかを明確にします。実際に一方的な退職届の提出があった場合は14日経過後が退職日になっているか確認をします。また、合意退職を求める退職願提出があった場合は話合いをし、退職日について合意できた段階で、退職日や退職条件を記載した退職承諾書を作成し、従業員に受理をしてもらいましょう。

3・問題を解決することによるメリット

　一番労使トラブルが発生してしまうのは退職時です。退職承諾書等を作成する対応をすることで、後々言った言わないといったことがなくな

り、労使トラブルを避けることができます。また、退職時の事務作業がルール化され、退職時の手続きが簡素化されます。

4・人事労務管理制度に反映させる上でのポイント

　「退職届」が提出された時の具体的な流れ、「退職願」が提出された時の具体的な流れの違いを明確にし、人事担当者は理解しておくことが大切です。また、「退職届」、「退職願」の提出があった場合、従業員と不要な労使トラブルを避けるため、今後のことを具体的に説明し、書面で通知することが必要となります。

第4章 社会保険について

　2016年10月から社会保険の適用要件が拡大され、2022年10月、2024年10月にもさらに要件が変更されます。人事労務担当者にとっては、法改正の内容を正しく理解するだけでも大変だと思います。社会保険の制度自体が複雑なこともあり、誤ってご理解されている方も多いのでまず法改正の内容を下記により再度ご確認下さい。

■2016年10月～

① 週労働時間20時間以上

② 月額賃金8.8万円以上（年収換算で約106万円）

③ 勤務期間が1年以上の見込み

④ 学生は適用除外

⑤ 従業員500人超の企業等

■2022年10月～

① 勤務期間が1年以上の見込みを撤廃し、フルタイムの被保険者と同様の2カ月超の要件に変更

② 従業員500人超の企業等の要件が従業員100人超の企業まで適用を拡大

■2024年10月～

① 従業員100人超の企業等の要件が従業員50人超の企業まで適用を拡大

2022年、2024年に社会保険の適用が随時拡大されます。社会保険の適用拡大によって中小企業でもさまざまな検討課題が出てくると思います。

　中小企業の人事労務担当者に社会保険に関して、よく見受けられる勘違いについては下記の2点があげられます。

　1　社会保険の加入条件

　2　報酬の決定方法に関する勘違い

ここでは上記1について解説します。

1 社会保険の加入条件

(1)　社会保険の加入条件に関する勘違い

　正社員の方を社会保険に加入させる必要があるということは、人事労務担当者としては当然理解されていますが、試用期間を設けているような会社でいつから社会保険に加入するのか等、さまざまな部分で勘違いをされている方が多いです。

(2)　問題に対する解決策

　社会保険に加入しなければならない被保険者の基本的な理解が必要です。

　被保険者とは下記の条件を満たす人で、70歳未満の方であれば厚生年金保険および健康保険に加入し、70歳以上75歳未満の方であれば健康保険に加入しなければなりません。

勤務形態	主な社員区分	加入する特別な条件
常時使用される人	正社員等	とくになし
常時使用される方より労働時間および勤務日数が少ない人	パートアルバイト	次の労働条件で勤務されている方は加入 ① 1週間の所定労働時間が通常の労働者の4分の3以上かつ ② 1カ月の所定労働日数が通常の労働者の4分の3以上
日々雇入れられる人	短期アルバイト等	1カ月を超えて引き続き使用されるようになった場合は、その日から加入
2カ月以内の期間を定めて使用される人	有期雇用契約社員	所定の期間を超えて引き続き使用されるようになった場合は、その日から加入
4カ月以内の季節的業務に使用される人	有期雇用契約社員	継続して4カ月を超える予定で使用される場合は当初より加入
6カ月以内の臨時的事業の事業所に使用される人	有期雇用契約社員	継続して6カ月を超える予定で使用される場合は当初より加入

⑶　社会保険の加入条件に関する問題を解決することによるメリット

　従業員の中には、社会保険の加入を従業員自身で選択できると思われている方もいまだに多いです。実際には先程説明した表にあるように、加入できる労働条件・加入できない労働条件で勤務させているだけです。適正な説明をすることにより、従業員が会社への不満を持たずまた、労働条件の変更等による社会保険の資格取得および喪失の手続きがスムーズに進みます。

⑷　人事労務管理に反映させるためのポイント

　社会保険の加入を適正にし、さらに社会保険の適用拡大後どのような人員構成にするのか等の検討が必要です。ここ数年、人材採用が困難な時期が続いていますので従業員の構成を変えるとしたらすぐに問題は解決できません。また、従業員の勤務時間等の希望も多様化しており、社会保険の加入を適正にするのと合わせて従業員への労働時間や出勤日数

の希望をヒアリングすることをお勧めします。

従業員から社会保険に加入したくないと言われました。加入しなくてよい方法はありますか?

1・勘違いしているポイント

　社会保険の加入は、従業員の希望により選択できる制度ではありません。しかし、社会保険料を削減するという名目で、さまざまなところから情報提供がされています。このような情報を目にする人事労務担当者は、加入しなくてよい方法があるのならば、従業員の要望に応えてあげたいと考える方が多くいます。社会保険の被保険者となるか否かは第4章概説の通り、定められた基準を超える働き方をしていれば加入しなければなりませんし、基準を満たしていないのであれば加入することはできません。従業員の社会保険に加入したくないという要望に応えるには、労働条件と実際の勤務実績が社会保険の加入基準を下回る対応をしなければなりません。従業員の希望を聞き、社会保険の加入または未加入の対応をしていると、従業員は自身の希望で社会保険の加入を決めることができると思い込んでしまうため、勤務の実績から加入しないといけない労働条件に変更された場合でも、加入しなくて済むと思い、社会保険の加入手続きを進めると退職してしまうことが多くあります。

　また、社会保険に加入しなければならない勤務実績があるにも関わらず未加入の場合は、年金機構が実施している定期的な調査の際に遡及して加入を指導されます。遡及して社会保険に加入する際には、社会保険の従業員負担分保険料が高額になることも多く支払いができず、会社として徴収ができなくなるケースもあります。また、今回のQuestionとは違いますが、社会保険にどうにか加入させてほしいという要望を伝えてくる従業員もいます。

　このような場合も、あくまで第4章概説の社会保険の加入条件に該当するかが基準となります。基準を下回る条件で勤務しているけれども、社会保険に加入し、保険料を支払っているので問題ないと勘違いしないで下さい。

2・問題に対する解決策

　第4章の概説にある社会保険加入の条件の基本を、まず人事労務担当者が理解して下さい。その上で従業員と社会保険の加入・未加入に関する話をする際に、加入未加入のポイントをまとめた資料を基に進めてください。2022年以降、社会保険の適用要件がさらに拡大されるため、事業所規模により加入しなければならない従業員が増加する可能性がありますので注意が必要です。

3・問題を解決することによるメリット

　入社時や労働条件変更の際に、早い段階で社会保険の加入条件と従業員が選択できる訳ではない旨を理解してもらうことで、社会保険に加入することが原因となる退職がなくなります。また、適正に社会保険に加入をすることで、日本年金機構の定期調査で遡及しての加入の指摘を受けることがなくなり、従業員分の保険料が徴収できないということがなくなります。

4・人事労務管理制度に反映させる上でのポイント

　多くの社会保険に関する事務の取扱いは、基本的なものを除き日本年金機構のホームページ上ではそのほとんどが閲覧することができず、加入等の具体的な基準の確認も難しい状況です。そのために、従業員の中には、人事労務担当者が説明した内容を裏付けるための資料が用意できず、加入条件を信じてもらえないケースがあります。また、基本的な内

容であれば、ホームページに情報が公開されていますが、従業員に説明するには、不十分な内容であることがよくあります。加入の条件等が従業員に上手く説明できない場合、最寄りの年金機構に、従業員に〜の件を説明したいのですがどのように説明をしたらよいですか？と問合わせをし、アドバイスどおりに従業員に説明して下さい。また、日本国籍がなく3年以上厚生年金保険の被保険者期間がある方で、年金の受給期間を満たすまで日本に滞在する計画でない方は、とくに社会保険への加入を拒みます。日本語での説明では理解して頂けない場合、日本年金機構の通訳サービスを利用して下さい。

非常勤の役員も社会保険に加入しなければなりませんか？

1・勘違いしているポイント

　常に出勤をしない取締役等の役員がいる企業は多くあります。勤務実態があまりないにも関わらず報酬を支払っている場合や社外役員としてコンサルタント等に通常の支払いではなく役員報酬として料金を支払っている場合があります。「非常勤役員は社会保険に加入しなくてよい」または「非常勤役員は社会保険に加入できない」と理解されている人事労務担当者が多く見受けられます。非常勤役員の社会保険加入に関して適正に手続きをしていないと、定期的に実施される日本年金機構の調査で、遡及して加入手続きをしなければならないことになります。常勤として勤務している方と異なり、いくつかの会社の役員を兼ねているケースが多くあります。2社以上で勤務している役員の方が、日本年金機構より遡及して加入手続きを指示された場合、指摘を受けた企業だけでなく、勤務している他の会社の社会保険料も訂正する必要があり、処理が繁雑になります。

2・問題に対する解決策

　非常勤の役員として処理をしてよい条件を把握する必要がありますが、現状日本年金機構から、通達等で一般向けに公表されている資料はありません。昭和24年に出されている通達では、取締役、法人の理事、監事などは法人から労務の対償として報酬を受けているのであれば、社会保険の被保険者となる旨の内容が記載されていますが、現在の日本年金機構の処理としては、役員という肩書きがあれば一律に社会保険に加

入させるという方向性ではなく、会社の役員として業務に携わっている実態がある人が被保険者として社会保険に加入するべきと考えているようです。ここでは日本年金機構の調査を代行させて頂いた実績の中で、非常勤役員のポイント思える内容をまとめてみます。

① 定期的に出勤している。

② 会社の中で多くの役職を兼任している。

③ 役員会等の経営に関する会議に出席している。

④ 役員への連絡や社内に関する調整、従業員に対して指揮命令および業務について監督している。

⑤ 役員として意見を求められた場合に、意見を述べるだけでなく具体的な行動をしている。

⑥ 実費精算程度の報酬ではなく、業務に携わった内容に見合う報酬を受けている。

上記の内容が継続的に続いている状態で、業務に携わっている報酬を定期的に受け取っている役員は、社会保険に加入すべき人と判断されているケースが多いです。

非常勤役員の勤務実態を検証し、上記のポイントで判断がつかないケースがあれば、管轄の年金事務所に問い合わせをし、判断してもらうことをお勧めします。

3・問題を解決することによるメリット

非常勤役員の取扱いを適正にすることで、年金事務所から遡及して訂正を指導されることがなくなります。遡及しての社会保険手続きは繁雑で徴収する金額も大きくなるケースが多いので、会社としても非常勤役員としても負担となります。また、非常勤役員の社会保険手続きを適正にしていることは、会社全体としての社会保険加入に関する考え方が変わるきっかけになります。

4・人事労務管理制度に反映させる上でのポイント

　役員の業務の実態を把握することが重要です。しかし、昨今、社会保険料削減等が正しいこととして情報が出回っているため、社会保険に加入しないためにはどのような対策をしたよいのかという考えになってしまっています。年金がもらえないのになぜ、社会保険に加入しなければならないのかという意見をお持ちの方も多いと思いますが、現在の法律を遵守するために、適切な対応をすることが重要です。今後社会保険の適用拡大がされる際に、適切な対応ができる社内の環境を整えて下さい。

Q3 正規従業員の3/4以上の時間働く従業員を社会保険に加入しなければいけないと聞きましたが、パートやアルバイトでも加入しないといけませんか?

1・勘違いしているポイント

正社員等と同じ時間を勤務する従業員については、どのような雇用形態であっても社会保険に加入しなければならないことを理解されていない方は多いです。また、パートタイマーやアルバイトなどの雇用形態で正社員等より勤務時間が短い従業員については、社会保険に加入する必要がないと考えている人事労務担当者がいまだに多く見受けられます。

社会保険の加入を適正に処理していない場合、求人内容と労働条件が相違し、労使間のトラブルとなることがあります。また、日本年金機構の定期調査で、遡及して訂正を求められることになります。遡及して加入を求められる場合は、保険料が高額になるケースが多く、パートタイマーやアルバイトの従業員ですと自己負担分の保険料を支払うことができない方も多くいます。遡及して加入する場合の処理として、過去に遡って保険料を徴収することになりますが、給与から控除することが許されているのは前月分の保険料だけで、過去の自己負担分保険料については、従業員の生活等に配慮し保険料の徴収計画を作成して徴収する必要があります。

2・問題に対する解決策

パートタイマーやアルバイトで、正社員等より労働時間が短い条件で勤務する従業員の社会保険加入しなければならない基準を適正に理解する必要があります。ここでは、第4章概説に記載している適用拡大に伴う条件ではなく、従来の判断基準である、通常の労働者の所定労働時間

及び所定労働日数の3/4以上の労働時間、労働日数勤務する場合について説明します。

①　1週間の所定労働時間の基準

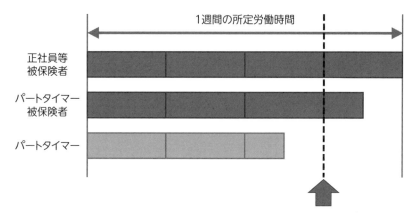

②　1カ月の所定労働日数の基準

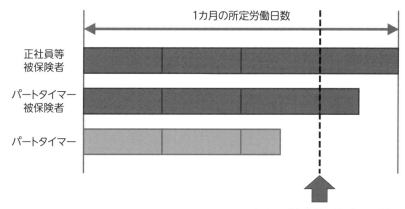

　上記①②の基準をいずれも超えている場合は、パートタイマーやアルバイトなど名称に関わらず社会保険の適用となります。

3・問題を解決することによるメリット

　適正な社会保険の処理をすることにより、募集の求人内容と異なることによる労使トラブルがなくなります。また、日本年金機構の定期的な調査で遡及して社会保険に加入することを指導されることもなくなります。

4・人事労務管理制度に反映させる上でのポイント

　パートタイマーやアルバイトなど、正社員等より労働時間が短い条件で勤務される方は、社会保険の加入が選択できると勘違いをされている方が多いです。労働時間を短くしもしくは出勤日数を少なくすることで、社会保険に加入できない労働条件とすることで対応をしていることを理解してもらうことが重要です。従業員が基準を理解せず勤務を続けると、人事労務担当者が管理してくれないから社会保険に加入しなければならなくなった等と言われてしまいますので注意が必要です。

Q4 正規従業員の3/4以上の時間働く契約をし、社会保険に入社日から加入した従業員が、入社直後から3/4を下回る時間しか勤務していません。いつのタイミングで社会保険の資格喪失をしたらよいですか？

1・勘違いしているポイント

　Question 3で説明した加入条件を下回る勤務実績となった場合の社会保険の手続きについて、資格喪失を即時にすればよいとお考えの人事労務担当者が多く見受けられます。入社後の体調不良により、出勤日数が少なくなる場合や実際勤務を開始したら家庭の事情等で当初の雇用契約で定められた条件で勤務ができない場合など、条件を満たさない勤務状況に対して、休職や労働条件変更等どのような対応をしたかにより手続き方法は異なります。

　求人の条件として社会保険完備と記載されているから応募をされる方も多くいます。労働条件として重要な部分ですので、資格喪失手続きを進めることにより条件が変更されると、大きな労使トラブルにつながる可能性があります。また、労使トラブルにまで発展しない場合でも離職してしまう可能性が十分あります。

2・問題に対する解決策

　社会保険の加入条件を満たさなくなった場合の手続きをする時期について適正に理解をする必要があります。ここでは休職や労働条件変更の場合の対応毎に説明します。

① 休職として取り扱う場合

　入社後、体調不良で会社が休職することを認めた場合、休職している期間は社会保険を資格喪失することはできません。休職期間中に医

師が労務不能と認めれば健康保険から傷病手当金が支給されます。休職期間満了後に退職もしくは労働条件変更に伴い社会保険を喪失した際には、社会保険の被保険者期間の条件が満たされていなければ傷病手当金を継続して受給ができませんので、従業員との不要なトラブルを避けるため事前に説明することが必要です。

② 労働条件を変更する場合

　体調不良や家庭の事情等で、雇用契約の条件の勤務ができず、勤務できる時間または日数が社会保険の加入条件を満たすことができない状況であれば、労働条件を変更した日に社会保険の資格を喪失させる必要があります。資格喪失の時期についてポイントとなるのは、労働条件の変更が正式に決まった日です。勤務の時間や出勤日数が少ない状況でも、労働条件そのものを変更しない限り資格喪失はできませんので注意が必要です。労働条件を変更する時期については事前に、従業員間での不公平をなくすため会社で定めをすることが重要です。

③ 条件を変更せず勤務させる場合

　正規従業員の3／4以上の時間働く雇用契約をし、実際勤務をした際に連続する2カ月において社会保険加入の条件を満たさなかった場合は次の取扱いになります。引き続き同じ状況が続く場合または続くことが見込まれる場合は2カ月が終了した翌月から社会保険を喪失することとなります。

3・問題を解決することによるメリット

　適正な社会保険の加入および喪失処理をすることで従業員との労使トラブルや従業員が離職をしてしまうということがなくなります。また、労働条件の変更の時期等について明確な基準を設けることで従業員ごとに手続きの時期が異なる等、繁雑な事務手続きがなくなるので人事労務担当者の仕事が削減されます。

4・人事労務管理制度に反映させる上でのポイント

　従業員に社会保険に加入しなければならない基準を理解してもらう必要があります。入社後であれば、社会保険の資格を喪失することで求人の労働条件と違うもしくは雇用契約書の内容と違うという話になることを予想して対応することが必要です。資格喪失をする時期を明確に伝えないと、社会保険の資格喪失手続後に健康保険被保険者証を使用し、資格喪失処理以外に訂正の処理をする必要が出てきてしまいます。従業員に理解できるように必ず事前に書面による労働条件の変更をして下さい。

配偶者と離婚したので子供を扶養に入れることができますか?孫を扶養に入れることはできますか?

1・勘違いしているポイント

　社会保険の被扶養者の認定に関し、誰をいつから扶養として手続きしてよいかについて一般的な内容は理解しているが、イレギュラーの取扱いになると詳細を理解されていない人事労務担当者が多く見受けられます。被扶養者の認定基準を正確に理解している従業員は、ほとんどいないため人事労務担当者が伝えた内容はすべて正しいと思う方が多いです。人事労務担当者が伝えた内容を基にさまざまな選択を進めるため、仮に誤った情報を伝えていたとすると、人事労務担当者が言った内容のとおりに、どうにか手続きをしてほしいなど制度上できないことを要求されるケースがありますので、十分に確認した上で答える必要があります。

2・問題に対する解決策

　被扶養者の認定について詳細を理解頂くことが重要です。ここでは、離婚した際に家族を被扶養者とする場合と、孫を被扶養者にする場合の2点についてのみ説明します。

(1)　離婚した際に家族を被扶養者とする場合

　今回のQuestionでは、子供を被扶養者とすることができるかということですが子であれば被扶養者とすることはできます。上記Questionからは外れますが、被扶養者とできる方を下記にまとめます。

　①　被保険者と同居している条件がない者

　　・配偶者・子、孫および兄弟姉妹・父母、祖父母などの直系尊属

②　被保険者と同居していることが必要な者

　　・3親等内の親族で①以外の者

　　・内縁関係の配偶者の父母および子

　離婚により家族を被扶養者としたい場合いつから被扶養者としたらよいかということが重要なポイントなります。被扶養者とすることができる日は、実際に扶養することとなった日からです。離婚が成立した日や別居をした日ではありませんので注意が必要です。

　その他、被扶養者の年間収入が130万円以上（60歳以上または障害者の場合は180万円以上）見込まれる場合は被扶養者とすることができません。また、被保険者と同居している場合、被保険者の収入の半分以上の収入がある場合は被扶養者となることができませんし、別居の場合被保険者からの仕送り額以上に収入がある場合も被扶養者となることができません。

⑵　孫を扶養に入れる場合

　⑴で説明したように、孫も扶養に入れることは可能です。孫を被扶養者としたい従業員がいる場合、実際にだれが孫の生計を維持しているかが問題です。孫の両親が居るようであれば、両親が生計を維持している可能性もあるので必ず確認が必要です。

3・問題を解決することによるメリット

　適正な情報を伝え手続きすることで、すべての従業員の被扶養者認定について公平な処理ができることとなり、労使トラブルや離職を回避することができます。また、適正な情報を事前に伝えることで、さまざまな状況で従業員が有利な選択を検討することができるようになります。

4・人事労務管理制度に反映させる上でのポイント

　会社が実施しなければならない従業員と被扶養者の続柄確認は、被保

険者の戸籍謄本・戸籍抄本や住民票を確認しなければなりません。しかし、手続き書類にマイナンバーを記載し会社が続柄を確認した場合は、確認書類の添付を求められることなく手続きを進めることができます。そのため、マイナンバーを記載すれば手続きができると勘違いをされている会社も多く、また、新たに入社した従業員に戸籍謄本等の書類を用意するように依頼すると、「何のために必要ですか？」「前職では求められていませんがおかしくないですか？」などと言われるケースがあります。添付書類については日本年金機構のホームページに記載がありますので、上記のような質問があった場合、書面等を用いて従業員に説明して下さい。また、被扶養者の認定についての詳細は日本年金機構のホームページ等で情報がすべて公開されている訳ではないので、人事労務担当者が間違った認識だから被扶養者として認定されないのではないのかと言われるケースが多くあります。その際には、不要なトラブルを避けるために最寄りの年金事務所に電話等で従業員本人から連絡してもらい確認をしてもらって下さい。

Q6 報酬額を決定する際に、残業代はどのように計算したらよいですか?

1・勘違いしているポイント

　入社や労働条件変更に伴い社会保険の資格取得手続きをする際に、報酬額の設定を基本給等のみを集計し資格取得届の提出をしている人事労務担当者が多く見受けられます。社会保険で、報酬とされないものは非常に限定的です。残業代は実際に勤務しないとわからないので集計しないという取扱いをしていると、日本年金機構の定期的な調査の際に資格取得時の報酬訂正を指摘されることとなり、遡及して適正な保険料に修正をしなければならなくなります。最長で2年間遡及して調整されるため、保険料の金額は大きくなり従業員が一括で支払うことができないこともあります。給与から控除してよい保険料は前月分だけですので、会社が一方的に遡及分の保険料を給与から控除することはできません。分割等で保険料を支払ってもらえるように会社が交渉する必要があります。従業員によっては保険料を支払いたくないということで退職される方もいるので入社時の報酬の設定は適正にする必要があります。また、日本年金機構の調査に該当しない会社でも、算定基礎届提出後の9月分より、適正な報酬月額に変更されるので保険料金額が大きく増額されるケースもあり、従業員の生活に影響が出てしまう可能性もあります。

2・問題に対する解決策

　労働条件通知書や雇用契約書の内容を確認した上で、適正な報酬額を届出する必要があります。適正な報酬額の記載には厚生年金保険法等の理解が必要です。日本年金機構のホームページで公表されている資格取

得時の報酬の算定方法は次の通りです。

(1) 月、週その他一定期間によって報酬が定められる場合

　　被保険者の資格を取得した日現在の報酬額をその期間の総日数で除して得た額の30倍に相当する額

(2) 日、時間、出来高または請負によって報酬が定められる場合

　　被保険者の資格を取得した月の前1カ月間に当該事業所で、同様の業務に従事し、かつ同様の報酬を受ける者が受けた報酬の額を平均した額

(3) 上記(1)または(2)の方法では報酬の算定が困難である場合

　　被保険者の資格を取得した月の前1カ月間に、同様の業務に従事し、かつ同様の報酬を受ける者が受けた報酬の額

(4) 上記(1)から(3)の複数に該当する報酬を受ける場合

　　各々の報酬について上記(1)から(3)によって算定した額の合算額

　　　　　　　　（出典：日本年金機構ホームページ「資格取得時の決定」）

　次にホームページ記載されている、対象となる報酬については次のように記載されています。

	金銭（通貨）で支給されるもの	現物で支給されるもの
報酬となるもの	基本給（月給・週給・日給など）、能率給、奨励給、役付手当、職階手当、特別勤務手当、勤務地手当、物価手当、日直手当、宿直手当、家族手当、扶養手当、休職手当、通勤手当、住宅手当、別居手当、早出残業手当、継続支給する見舞金、年4回以上の賞与※　など	通勤定期券、回数券、食事、食券、社宅、寮、被服（勤務服でないもの）、自社製品　など
報酬とならないもの	大入袋、見舞金、解雇予告手当、退職手当、出張旅費、交際費、慶弔費、傷病手当金、労災保険の休業補償給付、年3回以下の賞与※（標準賞与額の対象になります。）　など	制服、作業着（業務に要するもの）、見舞品、食事（本人の負担額が、厚生労働大臣が定める価額により算定した額の2／3以上の場合）　など

（出典：日本年金機構ホームページ「算定基礎届の記入・提出ガイドブック（令和2年度）」）

　上記に記載のとおり残業時間は報酬の対象となるため、見込の金額を算出し報酬に含める必要があります。

3・問題を解決することによるメリット

　適正な報酬月額の設定で、日本年金機構の定期的な調査で資格取得時に遡り訂正を指導されることがなくなります。保険料の追加徴収の処理問題が発生しませんので、従業員との保険料徴収に関しての交渉をする必要がなくなります。また、資格取得時当初から適正な報酬金額としていれば、算定基礎届以降の保険料も極端に変更される可能性は低くなり従業員の生活への負担も軽減できます。

4・人事労務管理制度に反映させる上でのポイント

　残業代の見込みの金額の根拠を明確にしておくことがさらに重要です。見込金額が適正に算出されていないようであれば、残業手当を対象賃金としていないのと同様なこととなりますので注意が必要です。部署ごとや業務内容ごとの平均的な残業時間を集計して下さい。

入社した従業員が資格証明の発行依頼をしてきました。必ず対応しなければいけませんか？

1・勘違いしているポイント

　ここでは、全国健康保険協会（協会けんぽ）が管掌する健康保険の被保険者、被扶養者となる方に対しての解説をします。

　被保険者証がなくても医療機関を受診することは可能です。しかし、その際は医療機関で受診に要した費用を全額支払わなければなりません。その後、療養費の申請をすれば7割分の受診料は健康保険より支給されるのですが、いつも3割しか窓口で支払っていないので10割負担することが高額な金額と思えて、人事労務担当者に健康保険被保険者資格証明書の交付を依頼してくる従業員がいます。今後入社をする従業員全員が依頼をしてきたら対応ができない等の理由で、対応をしないこととしている会社が多く見受けられます。入社直後で金銭的に余裕がない従業員ですと、医療機関に受診する費用が負担となり対応をしないことにより会社への信頼が失われてしまう可能性もあります。国民健康保険の被保険者証が多くの市町村で手続き後その場で発行されているのに対して、全国健康保険協会（協会けんぽ）の場合、おおよそ2週間程度の期間がかかってしまっているのが現状です。子供がいる従業員等はこの対応がきっかけで退職を検討する方もいるので、制度の内容を正しく理解し対応することが必要です。

2・問題に対する解決策

　健康保険被保険者資格証明書は、健康保険被保険者証の代わりに医療機関に提出する書類ですが、事業所の所在地を管轄する年金事務所に提

出します。この申請は、会社（事業主）がすることもできますが、被保険者がすることもできます。必ずしも会社で申請しなければならない訳ではありません。また、窓口に持参することも可能ですが郵送でも対応してもらえます。

3・問題を解決することによるメリット

　入社直後の従業員の状況はさまざまです。会社ができる限りの対応をすることで従業員は会社に対して信頼を持つきっかけとなります。また、被保険者証がない状況で医療機関を受診し窓口で全額を支払った従業員は、療養費の申請を人事労務担当者に聞いてくるケースが多いです。多くの医療機関の窓口では療養費の支給申請方法まで案内をしてくれません。会社に聞いて頂ければわかりますとの案内をしていることが多いです。健康保険被保険者資格証明書を交付依頼することで、人事労務担当者への問い合わせはなくなります。

4・人事労務管理制度に反映させる上でのポイント

　全国健康保険協会（協会けんぽ）の被保険者証発行まで2週間程度の期間がかかっている現状は問題ではありますが、日本年金機構の事務処理の体制で、すべての資格取得者へ対して健康保険被保険者資格証明書を発行することができません。その点を理解して、資格取得をする従業員に本当に発行が必要なのかを確認して下さい。この際に、注意しなければならない点としては、入社間もない場合は本当に必要な状況にも関わらず人事労務担当者や上司からなぜ必要なのと聞かれた際には、面倒であれば大丈夫ですなどの答えが返ってくるケースが多くあります。本人が気づかず、重篤な病気である可能性もありますので、慎重に対応する必要があります。また年金事務所で健康保険被保険者資格証明書交付申請を提出する際に医療機関の受診予定など確認されることがあります

が、先に説明した事務処理の現状があるものの医療機関の受診予定がなければ発行をしてもらえない訳ではありませんので安心して下さい。被保険者証が手元にないことが不安なだけで、健康保険被保険者資格証明書が必要といわれる従業員の方もいますが、そのような従業員には被保険者証が手元に届くおおよその目安を年金事務所で確認し伝えることをお勧めします。

完全歩合給の場合、報酬額はどのように届出したら
よいですか?

1・勘違いしているポイント

　社会保険の報酬について、勘違いをされている人事労務担当者は多く
いますが、とくに完全歩合給の場合の、資格取得時の報酬について勘違
いをされている方が多く見受けられます。その中で完全歩合給の場合の
報酬額は最低賃金で処理をしてよいと考えている方が一番多いです。社
会保険の資格取得時の報酬は、その後のさまざまな給付に影響が出ます。
その一例としては傷病手当金があります。傷病手当金は、業務外の原因
で病気やケガの治療のために会社を休まないといけない場合で、連続す
る3日間以降の4日目より給与の支払いがない状態または給与の支払い
額が傷病手当金の額より少ない場合に健康保険から給付がされます。こ
の給付の金額の基になるのが、入社直後の場合は、社会保険の資格取得
をする際に報酬として届出した金額となるので、完全歩合給の場合に最
低賃金部分だけで報酬を届出していると、資格取得直後に傷病手当金の
給付を受けないといけない事由が発生した場合には、極端に少ない金額
の傷病手当金しか支給されず生活できなくなる可能性があります。従業
員は会社に対する不満が大きくなり離職をしてしまうこともあります。
また、適正に処理をされていないため日本年金機構による定期的な調査
で、資格取得時の報酬の訂正を指摘されます。指摘を受けた際には、最
長2年間遡及して厚生年金保険料および健康保険料を徴収されますの
で、事務手続きが繁雑になるだけでなく、従業員がまとめて支払うこと
ができず保険料の徴収が困難となる場合があります。保険料の支払いが
できない従業員の中には会社が間違ったのだから、会社が支払うべきで

個人としては支払わないと主張する方もいます。

2・問題に対する解決策

解決策としては、Question 6 に記載している内容と同様ですが、完全歩合制の場合、同様の業務かつ同様の報酬を受ける者を正確に選定し報酬の平均額を算出しないと実態に合わない報酬となってしまいますので注意が必要です。たとえば、営業職で役職者でない人などだけで平均を取ってしまうと、入社後経験年数が多い人の報酬が高額になる可能があり適正な報酬額の設定ができません。日本年金機構の記載には「同様の業務に従事しかつ同様の報酬を受ける者」と記載があるので入社後経験年数によって報酬の体制が変わる制度であれば、従業員が資格取得時に得る報酬と同様の方のみを集計し平均を出して下さい。

3・問題を解決することによるメリット

社会保険の資格取得時に適正な報酬を届出することにより、資格取得直後から傷病手当金などの給付を必要とする事由が起きたとしても適正な給付が行われ、従業員も安心することができます。また、日本年金機構による定期的な調査でも資格取得時の報酬に関する指摘を受けることがなくなり、遡及しての保険料徴収といった繁雑な事務作業をしなくて済みます。

4・人事労務管理制度に反映させる上でのポイント

完全歩合給で勤務する従業員の中には、給与総額ではなく実際振込みされる振込み支給額のみを重視して給与を考えている方が多いです。資格取得する従業員に同様の業務かつ同様の報酬を受けている方の平均的な金額を事前に伝えることが重要です。また、振込み支給額を重視している従業員の中には、前職の社会保険料は最低賃金で算出されていたな

どの誤った処理が正しいと勘違いをしている方も多いので、適切に説明する必要があります。

　特に不動産業などの営業職で完全歩合給を採用している会社では、1カ月の報酬金額が極端に高額となるケースがあり、適切に同様の業務および同様の報酬を区分しないと報酬額が適正とならないので注意が必要です。誤って報酬の額を届出してしまった場合には、報酬の平均の計算がどのように間違っていたのか等の資料を添付し訂正する必要があり、事務手続きが繁雑になるので注意が必要です。

第5章

建設業に多い質問について

　建設業に携わる企業の人事労務担当者からは労災事故や主に屋外で勤務する従業員の労働時間について、雨天等の天候による労働日の振替などさまざまな相談を頂きます。

　その中で、建設業に携わる企業の人事労務担当者によく見受けられる勘違いについては下記の3点があげられます。

　1　労災保険に関する勘違い

　2　労働日および労働時間に関する勘違い

　3　各種保険加入の情報提供に関する勘違い

　ここでは上記1について解説します。

1 | 労災保険に関する勘違い

(1) 労災保険の加入に関する勘違い

　建設業の労災保険は、元請企業が加入し、下請の仕事しかしていない企業は、労災保険に加入する必要がないと思われている方がいます。確かに現場作業員しか雇用していない企業であれば、間違いではありませんが事務所に事務職員が勤務しているような場合は、事務所のための労災保険を成立させなければなりません。もしかすると今現在も人事労務担当者自身の労災保険が加入されていない状況かもしれません。

　適正に加入ができていないと労災事故が起きた際に給付まで時間を要したり、労災保険が未加入とされペナルティーを受ける場合があります。

　たとえば、下請として受注した仕事で、現場に資材を持ち込む前に資材置き場で一部建材の加工を事前にしていた。その際に労災事故が発生した場合、いくら下請企業の資材置き場で発生した労災事故であったと

しても、原則は元請の労災保険で処理をすることとなります。元請企業から下請として正式に受注していた場合は、元請企業に報告し、元請の労災保険で処理を進めればよいのですが、正式な受注を待たずに事前に作業を始める場合などはよくあることだと思います。下請企業としては、必ず正式な受注をしてから事前作業を開始する必要があります。このように、労災保険に関してはさまざまなケースで問題となりますので、人事労務担当者としては正しい理解と会社の作業内容の把握が必要不可欠です。

⑵　問題に対する解決策

　建設業の労災保険は非常に複雑なため、会社の業務を細かに把握した上で加入の手続きを進めて下さい。すでに労災保険に加入済の場合は、現在の労災保険の加入状況を改めてご確認頂き現場の労災保険の適用は必要ないのか、事務所の労災保険の成立が必要ないのかをご確認下さい。保険の成立が必要な場合と必要のない場合を簡単にまとめると下記の通りとなります。先ほど例をあげて説明したような内容であれば労働基準監督署に確認してから処理を進めるようにして下さい。

　①　建設現場での労災保険について

元請あり	元請工事が一切なし
現場の労災保険成立が必要	現場の労災保険成立の必要なし

　②　事務所の労災保険について

事務所があり事務職員が在籍している	事務所がないもしくは 事務所はあるが事務員等がいない
事務所の労災保険成立が必要	事務所の労災保険成立の必要なし

⑶　労災保険に関する問題を解決することによるメリット

　重大な労災事故であればあるほど、労災の給付が災害に遭われた従業

員にとって重要なものとなります。適正な保険加入をしていることで労災保険からの給付もスムーズに行われ従業員に不安を与えません。また、行政からのペナルティーも受けずに済みます。

⑷　人事労務管理に反映させるためのポイント

建設業界の構造から、元請の労災保険を使用し労災事故を処理することをいまだに敬遠される下請企業の経営者がいるのが現状です。最近では、下請企業が労災事故を隠すことにペナルティを設ける元請企業もありますが、一方で下請企業が労災事故を発生させた場合、今後の仕事の依頼がなくなるケースもあります。仕事を頂いている企業に迷惑をかけることになるわけですから、悩まれる経営者も多いです。人事労務担当者としては労災事故が発生した際には、当たり前のことですが法律を遵守し処理しなければならないことを経営者に伝えなければなりません。

Q1　代休は何日までなら貯めても大丈夫ですか?

1・勘違いしているポイント

　建設業の多くは、業務が天候等に影響をされるケースや工期を守るために所定の休日に労働をせざるを得ない状況となってしまうことが多くあります。天候や工期の調整のために、所定の休日に労働をさせるケースでは、その後の勤務スケジュールを事前に組むこともできず振替休日としての対応が難しいのが現状です。その結果、代休としての処理を進めることになるケースが多いです。代休として処理することは問題ないのですが、代休を取得することができず、多い場合は数十日間未取得のままになってしまっていることが多く見受けられます。代休が未取得のままの状態になっていることは、賃金の未払いが発生している可能性が非常に高く、労使トラブルに発展する可能性があります。

2・問題に対する解決策

　代休の問題を解決するためには代休と振替休日の理解と代休を与える際のルールを明確にすることが必要です。

(1)　振替休日とは

　所定休日等に労働させる場合に、事前に振り替える日を特定している状況であれば振替休日として取り扱うことができます。この場合、所定休日と所定労働日を入れ替えているだけと判断し、休日労働に対する割増賃金の支払いは発生しません。ただし、週の労働時間が40時間を超えた場合、超えた分の割増賃金の支払いは必要となります。

　■例　所定休日として定めている土曜日を労働日とし、その振替日と

して事前に所定労働日である翌週の月曜日を休日にすることを決
め、休日を取らせたとき。

(2) 代休とは

　所定休日等に労働させ、後日その代わりに労働を一部免除することを
代休といいます。

　休日労働として処理をした日に対して後日代休を適用することが可能
な取扱いです。振替休日と違い、代休を与えたとしても休日労働をした
事実が変わるわけではないので休日労働に対する割増賃金の支払いは必
要です。

　■例　所定休日として定めている土曜を労働日とし、後日代わりの休
　　　日として火曜日に休日を与えたとき。

　代休を与えた場合の割増賃金の支払いは次のようになります。

　所定休日に所定労働時間と同じ8時間休日労働をさせた場合

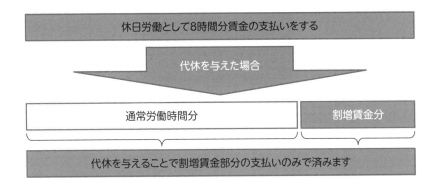

　なお、代休と振替休日については第1章のQuestion 9でも解説して
います。

(3) 代休で定めるルールについて

　代休を与えるルールを決めることにより、代休が数十日取得できない
といった問題が解消されます。代休の清算はできるだけ賃金支払日まで
に清算することが理想です。

清算できない場合は、休日労働として集計し割増賃金を支払って下さい。就業規則等に定めるべき内容は次のとおりです。

① 代休の清算期間

② 代休を取得する際の社内的な手続方法

③ 清算期間までに取得ができなかった場合の報告方法

3・問題を解決することによるメリット

代休の未消化に伴う賃金の未払いが発生しなくなります。また、代休取得を前提とした取組みは、労働時間を短縮する取組みにもなります。

4・人事労務管理制度に反映させる上でのポイント

代休の清算期間を決める際には、現在の会社の状況を把握した上で運用が可能な期間を定める必要がります。

また、代休取得の促進は、まず代休と振替休日の違いを従業員に説明することが重要です。振替休日との違いを説明することで、代休を清算する期間の必要性に対して理解が得られます。就業規則等に定めた内容を記載した際に、対象者全員に説明を行うことをお勧めします。

深夜0時を超える残業は、翌日の勤務として取扱ってよいでしょうか?

1・勘違いしているポイント

　建設業の場合、年度末等の期間が決められた工事も多く繁忙期には深夜0時をまたいでの勤務になってしまうことは頻繁にあります。終業時刻から始業時刻までの時間が短くなるケースも多くより複雑になってしまっています。1勤務が2日にまたがる場合でも、1勤務として計算しなければなりません。休日の定義では午前0時から午後12時までの24時間が必要で、任意の24時間を休日とすることはできません。このような労働時間と休日の考え方の違いで、深夜0時以降翌日の勤務として労働時間を集計してしまっている会社がよく見受けられます。労働時間の集計を誤ってしまうことにより当然未払いの賃金が発生します。

2・問題に対する解決策

　就業規則等に勤務時間に関する取扱いを明確に定める必要があります。記載例としては次のとおりです。

　◎所定労働時間を超え勤務する場合、時間外労働とし勤務終了の時刻が深夜0時を過ぎた場合でも前日の勤務時間として取り扱う。

　上記の例のような記載を就業規則等にし、従業員が理解できるよう説明会を設け周知をして下さい。

　労働時間の集計例を1つ上げます。

　所定の始業時刻8時　終業時刻17時　休憩12時〜13時

　　8：00　〜17：00　所定労働時間勤務

　　17：00〜翌3：00　時間外労働として勤務　時間外労働　10時間

　　22：00～翌３：00　　深夜労働として勤務　時間外労働10時間のう
　　ち深夜労働　５時間

　次に、建設業では常時深夜に及ぶ業務を行っていない会社が多いため、
業務が深夜に及ぶ際の、ルールを決めておく必要があります。定めて置
くべき内容は次の３点です。

① 　工事が深夜に及ぶ可能性がある場合の事前報告の方法

② 　労災等予期せぬ事態が発生した際の連絡方法

③ 　業務が終了した場合の連絡および引継ぎの連絡方法

3・問題を解決することによるメリット

　労働時間の集計を適正にすることで、未払い賃金の発生がなくなり労
使トラブルを未然に防ぐことができます。また、今後建設業でも労働時
間に上限が設けられるため、労働時間の適正な管理は必須となります。
就業規則等に労働時間の集計に関して明確な定めをすることにより労働
時間を短縮する取組みの第一歩となります。

4・人事労務管理制度に反映させる上でのポイント

　まず、今までの労働時間の取扱いが深夜０時を超える場合に、翌営業
日として集計し給与計算を行っていたとすれば、遡って給与を計算し不
足分が発生するようであれば支払いが必要です。次に、今後の対策とし
て過去の繁忙期の勤務スケジュールから、今後どれぐらいの割増賃金が
発生するのかを確認し、積算業務に役立てて下さい。

　近年では、大きな気候変動などで、台風・長雨やゲリラ豪雨が頻繁に
発生し屋外での建設工事は工期がひっ迫することが多くあります。その
結果、従業員が特定の期間に長時間労働を続けなければならなくなって
います。高齢化がとくに進んでいる建設業では長時間労働をすることで
労災事故の発生も考えられるので対策が必要です。人材の不足する中で、

簡単ではないですが、終業時刻から始業時刻までの時間を就業規則に定める、いわゆるインターバル制度の導入も検討する事をお勧めします。勤務間インターバル制度を導入する際にも、就業規則への定めが必要となります。記載例を上げますので参考にして下さい。

　◎終業時刻から始業時刻まで少なくとも○時間、休息をする時間を設
　　ける。

Q 3 トラックを事故で破損させました。修理費を給与から控除してもよいですか?

1・勘違いしているポイント

　トラックの修理費を従業員に負担させることは問題ありません。今回の修理費の控除が実際の修理にかかった費用を従業員に請求しているのであれば問題ありません。次に給与から修理費を控除することも、所定の手順を踏まえて行えば可能です。しかし、所定の手順を踏まずにさまざまな費用を給与から控除している会社が見受けられます。賃金から所得税や住民税、社会保険料等の本人負担分など法律で定められているもの以外は原則控除できません。手順を踏まえず控除することは、賃金の全額支払いの原則に違反するだけでなく、従業員から賃金が支払われていないとして労使間のトラブルに発展する可能性があります。

2・問題に対する解決策

　従業員への賃金は、全額を支払うことが原則です。所得税等法律で定めれているもの以外を控除するためには、賃金控除に関する協定書を事業場の労働者の過半数で組織する労働組合があるときはその労働組合、労働者の過半数で組織する労働組合がないときは労働者の過半数を代表する者と結ばなければなりません。ここでポイントとなるのが労働者の過半数の代表選出方法等です。

　重要な点は次の2点です。

⑴　管理監督者は労働者の過半数の代表にはなれません。

　管理監督者は経営者と一体的な立場で、労働条件の決定や従業員の労務管理をしている方です。

(2)　民主的な方法で代表者の選出をしていることが必要です。

　投票や挙手、従業員の話合いなどの方法です。会社が従業員を指定し代表としたような場合は、協定自体が無効となる可能性がありますので注意が必要です。

　上記の点に注意し代表者を選出し、労使協定には控除する内容が具体的にわかるように明記して下さい。

　具体的な記載例は次の通りです。

①　会社からの貸付金

②　給食費

③　社宅の自己負担金

④　会社への損害を与えた場合の賠償金

なお、締結した労使協定書を労働基準監督署等に提出する必要はありません。

　次に、今回の事故に関して実際の損害額を算出して、その金額を請求しているのであれば問題ありません。しかし交通事故を1回起こした場合、一律10万円を支払う等の定めは労働基準法の賠償予定の禁止に当たりますので、実際の損害に応じた請求を必ずして下さい。

3・問題を解決することによるメリット

　交通事故等により、従業員に損害賠償金を請求せざる得ない状況は必ずあります。これは会社として、社内統制を取るために致し方ないことです。しかし、賃金から賠償金を控除する方法が適切に行われていない場合、事故を起こした従業員から賃金の未払いの請求を受けてしまう可能性があります。適正な手続きを踏み控除することで労使トラブルへ発展することを防止できます。

４・人事労務管理制度に反映させる上でのポイント

　さまざまな事故で会社に損害を与えた場合、事故の原因から責任の所在をできる限り明確にして下さい。責任の所在が明確にならない状況で賃金からの控除をすることも大きな労使トラブルに発展する可能性があります。また、手続きを踏み適正に損害賠償金等を給与から控除する場合でも、従業員の生活があるので控除については事前に話合いを設けて決定して下さい。会社に損害を与える事故等が多く発生しているようであれば、入社時に身元保証人を設定することをお勧めします。身元保証人を設定する場合、民法の改正により身元保証人が損害を補償する具体的な上限金額を明記しなければならないことになりました。今後、身元保証人を設定する場合には、注意して下さい。

現場に入るのに健康保険被保険者証・雇用保険被
保険者証が必要です。何日で発行できますか?

1・勘違いしているポイント

　ここでは、加入者が最も多い日本年金機構と全国健康保険協会(協会けんぽ)の事務処理の流れを基本として説明させて頂きます。

　この Question は建設現場で作業される方の社会保険加入に関する厚生労働省と国土交通省の取組みで、加入が確認できない従業員を建設現場に入場させないようにしています。その影響により起こる問題に関しての質問です。

　健康保険被保険者証の発行は、日本年金機構経由で協会けんぽに情報が伝達され処理が進みます。この期間はおおよそ14日程度を基本として日本年金機構内および、全国健康保険協会(協会けんぽ)内では処理を進めています。次に、雇用保険被保険者証の発行はハローワークの窓口に提出した場合には、基本的に即日発行されますが、郵送や電子申請の場合はそのときのハローワークや電子申請の処理をする窓口の処理状況により大きく変わりますので、お急ぎの場合はその都度確認することが必要になります。ここで建設業の人事労務担当者として理解頂かないといけない点は、健康保険や厚生年金保険、雇用保険の加入の確認についてどのような方法が適正なのかという点です。元請から確認も求められ資料等を提出している会社と、さらに下請の会社の従業員分についても確認を求められている会社もあります。今回の Question では、健康保険や厚生年金保険、雇用保険の加入の確認のために、被保険者証が必要であると勘違いをされています。しかし、実際には元請の会社から被保険者証のコピーを送って下さいと指示を受ける場合があります。

　このような場合、健康保険の被保険者証の発行には時間がかかるため、特定の工事のために採用した従業員を雇用開始後ただちに現場で作業をしてもらう事ができない状況になってしまいます。

2・問題に対する解決策

　元請から、さまざまな情報の開示を求められますが、適正な指示をしている会社は少なく、正しく理解する必要があります。ポイントとなる点は次の2点です。

(1)　本来は社会保険加入手続中という内容で元請企業に報告し現場に入場することは可能です。しかし、実態としては手続中と報告を受けた元請企業からすると、再度確認作業をしなければならず、被保険者証のコピーを求めてくるケースが多く見受けられますので、元請企業と話合いをして下さい。どうしても理解を頂けない場合は、日本年金機構に「健康保険被保険者資格証明書」という被保険者証に代わる書類を即日または2日程度の期間で発行してくれますので依頼して下さい。

　なお、日本年金機構の事務処理で「健康保険被保険者資格証明書」を多くの方が請求されることを想定していませんので、常に資格取得者全員分の「健康保険被保険者資格証明書」の発行を依頼することは避けて下さい。

(2)　すでに加入している従業員の社会保険の確認に関して、「健康保険・厚生年金保険標準報酬決定通知書」のコピーを添付するようにと元請企業から指示を受ける会社もあります。確かに加入を確認できる資料ではありますが、従業員個々の報酬額が予想できる書類となるので、行政の立入検査等で、提出するのであれば問題ありませんが、民間企業に渡す情報としては適切ではありません。ここで実際に起こっている問題として、「健康保険・厚生年金保険標準報酬決定通知書」に記

載されている役員の報酬額が高く、その後資料を提出した会社から、役員報酬を多く取れるようであれば工事単価を少しでも下げるために協力をしてほしいと価格交渉の材料とされるケースがあります。「健康保険・厚生年金保険標準報酬決定通知書」を提出する際には、必要な情報以外をマスキングする等の対応をして下さい。

3・問題を解決することによるメリット

特定の工事のために採用をした従業員をすぐに現場で作業をさせることができます。また、不必要な情報を提供する事がなくなり、今後の元請企業との関係も保つことができます。採用したけれども業務に就かせることができないことがなくなります。

4・人事労務管理制度に反映させる上でのポイント

適正な社会保険の加入確認方法について厚生労働省、国土交通省もさまざまな情報を発信していますが、理解されていない元請企業が多いです。理解をされていないことを前提として交渉をして下さい。

Q5 元請工事がなければ労災保険に加入しなくて大丈夫ですか?

1・勘違いしているポイント

　建設業の現場で適用される労災保険は、元請企業が請負金額に応じ労災保険に加入し、下請として請負契約を交し工事を行う場合は労災保険に加入する必要はありません。しかし、元請として工事をする可能性が少しでもある場合は、建設現場での労災保険に加入をしておくことをお勧めします。少額でも元請として工事をした際に、労災事故が発生した場合、労災保険未加入のペナルティーとして次の費用が徴収されます(この制度を費用徴収制度といいます。)。

事故が起こるまでの行政からの指導状況	費用徴収の額
行政から指導を受けたにも係わらず手続をせず、その期間に業務災害・通勤災害が発生した場合	保険給付された金額を全額徴収
行政から指導は受けていないが、労働保険の適用事業となって1年を経過しても手続をせず、その期間に業務災害・通勤災害が発生した場合	保険給付された金額の40%を徴収

　なお、この費用徴収は療養開始後3年間に支給されるものに限られ、療養補償給付、療養給付、介護補償給付、介護給付は除かれます。

2・問題に対する解決策

　現状は元請の工事がないから、建設工事現場での労災保険(現場労災)の手続きをしないのではなく、少額な工事を直接施主から請け負うことを想定して事前に手続きをすることが重要です。また、建設現場での労災保険以外に建設会社の事務所での労災事故に対応するための保険(事

務所労災)に加入することも重要です。事務所労災保険は、建設会社の事務員が事務所等でけがをした場合に使用する労災保険です。しかし、この労災保険(事務所労災)は、労災保険の適用の判断が難しい場合に使用されます。難しい場合の例を上げます。

①　請負契約が成立する前に事務所内で建材の加工を一部進めていた際の事故

　　請負契約が締結されていれば、元請け企業の労災として適用します。

②　いくつかの建設現場で作業をし、事務所で工具等の片付けをしていた際に発生した事故

上記のような事故は、いつ発生してもおかしくありません。事務所の加入手続きも合わせてすることをお勧めします。

次に、建設業を営む会社の役員ですが、労災保険では従業員しか補償をされていません。少しでも現場に入る可能性があれば労災保険に加入して下さい。この制度を労災保険の特別加入制度といいます。特別加入制度には中小事業主用や一人親方その他の自営業者用があり、現在の状況にあった特別加入制度で手続きをして下さい。建設業の場合、法人成りしたにもかかわらず、中小事業主用に加入せず、個人事業主の時に加入した一人親方その他の自営業者用のままになっているケースがよく見受けられます。

3・問題を解決することによるメリット

　労災保険に適切に加入することで、行政から徴収のペナルティーを受けることがなくなります。現場労災の場合、役員を含め現場に入るすべての方の万が一の事故に関して補償が受けられる体制が整いますので、安心して仕事に取り組めます。大きな労災事故が発生した場合には、労使トラブルになることがありますので、最低限ではありますが、労災保

険の適用を適正にしておくことでトラブルの防止に繋がります。

4・人事労務管理制度に反映させる上でのポイント

　労災保険への加入は、従業員が行うものではないため、労災保険に加入しているか否かを従業員が把握できるすべはありません。従業員は当然に法律どおりに労災保険に加入していると思っています。現状適正な加入ができていないようであれば早急に手続きをし、適正な状態とすることをお勧めします。また、役員の方の特別加入は遡ってできません。もし現場に入る可能性が少しでもある場合は、早急に加入することが必要です。なお、建設業の特別加入では、振動工具を使用しているような場合、粉じん作業を行う場合などに健康診断を受けてからの加入となるので通常の特別加入より手続きに時間を要します。

現場から会社に帰社する際、運転手以外は休憩扱いでよいですか?

1・勘違いしているポイント

　建設業の場合、日々工事する現場が変わり移動時間も必然的に多くなります。現場作業終了後の会社まで帰社し工具等の片づけ作業をすることを指示している状況であれば労働時間として取り扱わなければなりません。会社に帰社するために、車の運転をしている従業員については労働時間として勤怠を集計しているが、運転をしていないその他の従業員については、一律に休憩時間として取り扱っているケースがよく見受けられます。帰社する際の車内に滞在している時間を一律に休憩時間としている場合、未払賃金が発生し労使のトラブルに発展する可能性があります。

2・問題に対する解決策

　問題を解決するには、車内での状況を把握した上で、労働時間として取り扱わなければならない時間なのか否かを一律に決めるのではなく、その都度判断しなければなりません。

　まずは、休憩時間について説明します。休憩時間とは次の2点の条件を満たしていることが必要です。

　①　労働者が自由にできる時間であること。

　②　労働から解放されていること。

　　※指示があればいつでも業務を行わないといけない、待機をしている状況は、手待時間といい労働時間としなければなりません。

　上記のように移動時間を休憩時間として取り扱うことは難しいです。

しかし、状況によっては労働時間として取り扱わなくてもよい場合があります。それは、通勤時間として認められる場合です。通勤時間は居所と就業の場所を往復する時間を指します。通勤時間として認められるには、使用者の指揮命令下にない必要がありますので次のような状況では、通勤時間とは認められません。

① 帰社後に工具などの片づけ作業がある場合

② 帰社しその後タイムカード等を打刻するように指示を受けている場合

③ 社用車で他の従業員と一緒に帰社するよう指示を受けている場合

④ 車内で業務に関する報告や翌日の指示がある場合

このように、建設業の現場から帰宅する際に上記に該当しないケースはまれだと思います。

公共交通機関でも帰宅できるが、居所との方向が同じなので社用車に乗せてもらったようなケースは該当するかもしれませんが、基本的には帰社し完全に業務を終了したといえる時刻までは労働時間として考えるべきです。

3・問題を解決することによるメリット

労働時間と休憩時間や通勤時間を明確に区分し勤怠データを集計することで、未払賃金の発生がなくなり、労使のトラブルが未然に防げます。また、移動時間を休憩時間として勤怠を集計している建設会社が多い中で、適正に労働時間を集計し賃金を支払うだけでも、人材流出を防止する取組みになります。

4・人事労務管理制度に反映させる上でのポイント

現場から帰社する際には、運転者以外は、寝ていたり、飲食をしていたり業務と関係のない時間を過ごしている状況であることは間違いあり

ません。しかし、指示があればいつでも業務をしなければならない状況にはあります。寝ていたり、飲食等をしている事が労働であると従業員に誤って理解されてしまうと、休憩時間の賃金について請求をしてくる場合があります。車内であっても指揮命令下にあり、手待時間であることを理解してもらい、不用意な賃金の請求をされないように注意が必要です。また、過去の勤怠集計で現場から帰社するまでの期間を休憩時間として集計し割増賃金を支払っていなければ、再度集計し不足分の賃金は必ず支給して下さい。

Q7　出勤時刻は現場に到着し、作業が始まってからとしています。問題ありますか?

1・勘違いしているポイント

　労働時間として集計する時間は、使用者の指揮命令下に置かれている時間をいいます。建設業の現場作業員の場合、日々現場は異なります。現場に到着し作業を開始した時点から労働時間として、一律に取り扱う会社がよく見受けられます。しかし、一律な取扱いをすることは問題があります。現場に着くまでの状況が、労働時間に該当するようであれば賃金の未払いが発生し労使トラブルへと発展する可能性があります。

2・問題に対する解決策

　現場到着までの状況を判断し、労働時間か否かはその都度判断しなければいけません。労働時間が、使用者の指揮命令下に置かれている時間だということを踏まえて、いくつかの例で解説します。

■パターン1

　移動方法または、移動時間においても業務の指示が一切なく到着後に初めて指示を受けているため、現場到着後からが労働時間として検討をしてよいケース

◎従業員個々に現場に向かう場合 移動手段 ・公共交通機関 ・個人の車等	◎移動時の業務および当日の業務の指示なし	◎現場に到着後当日の作業の指示

■パターン2

　社用車で、乗合いして現場に向かっているものの移動手段が会社から

具体的に指示されている訳ではなく、移動時間においても業務の指示が一切なく到着後に初めて指示を受けているため、現場到着後からが労働時間と検討してよいケース

◎社用車で乗合いして現場に向かう場合 移動手段 ・運転なし	◎移動手段の具体的指示なし(公共交通機関や個人の車等での移動も可) 移動時の業務および当日の業務の指示なし	◎現場に到着後当日の作業の指示

■パターン3

移動手段の指示はしていないものの移動中に当日の作業の指示をしているようであれば指示のあった時刻以降は、労働時間として検討をする

◎社用車で乗合いして現場に向かう場合 移動手段 ・社用車 ・運転なし	◎移動手段の具体的指示なし(公共交通機関や個人の車等での移動も可) 移動中に当日の作業指示あり	◎現場に到着後、すぐに作業に取りかかる

■パターン4

移動手段の指示はしていないものの、集合場所で建材を積み込む作業があるようであれば、積込み作業時から労働時間として検討をするべきケース

◎社用車で乗合いして現場に向かう場合 移動手段 ・社用車 ・運転なし	◎移動手段の具体的指示なし(公共交通機関や個人の車等での移動も可) 集合場所で建材の積み込み作業等あり	◎現場に到着後当日の作業の指示

■パターン5

移動手段を指示していれば集合場所に集まり、建材の積込作業がなく、かつ移動時間中に作業の具体的な指示がなかったとしても、社用車に乗った時間から労働時間として検討をすべきケース

| ◎社用車で乗合いして現場に向かう場合

移動手段
・社用車
・運転なし | ◎移動手段の具体的指示あり | ◎現場に到着後当日の作業の指示 |

　このように、会社の現在の状況を確認した上で、労働時間か否かを検討する必要があります。

3・問題を解決することによるメリット

　実態にあった労働時間管理をすることにより、賃金の未払いが発生しなくなります。また、労働時間か否かを明確に区分できるようにすることで労災事故が発生した際に、業務災害なのか通勤災害なのかを判断する基準となりスムーズに労災の処理を進めることができます。

4・人事労務管理制度に反映させる上でのポイント

　現場に到着するまでの実態を正確に把握できていないと問題の解決になりません。とくに具体的な指示をいつの時点でしているのかという点については、現場で勤務している従業員にしかわからないケースが多いです。少しでも多くの従業員の現状を把握することが重要です。また、今までの労働時間の集計において、賃金の未払いが発生している状況であれば、状況を説明した上で不足分を支給して下さい。

一人親方が現場でけがをしました。労災の届出は必要ですか？

1・勘違いしているポイント

　一人親方の方に現場で作業をして頂くことは頻繁にあると思います。通常の元請企業が成立させている労災保険では一人親方は保険適用外ですので、労災保険に特別加入をすることとなります。一人親方の方が現場でけがをした時に、下請の会社の従業員がけがをした時と同じように元請企業として手続きをすると考えている方が多く見受けられます。

　一人親方の方が現場で事故をした場合、元請企業として労災保険の給付手続きをすることはできません。特別加入をしている一人親方が被災した場合、届出はすべて一人親方が行わなくてはなりません。元請企業として、書類作成等を手伝うこと自体が問題ではありません。しかし、労災保険の特別加入の制度を理解した上でアドバイスをしないと、本来申請しなければならない一人親方が自身で手続きをする内容ではないと勘違いし、処理が進まず元請企業で処理を進めてくれているものと思っていたという事態が発生し、給付自体が遅れるケースや一人親方の家族からの問合わせの対応をしなければならなくなります。

2・問題に対する解決策

　一人親方が労災事故を起こした場合のフローを事前にまとめておき、元請企業としてできること、一人親方がしなければならないことを明確にしておく必要があります。

　提出が必要な主な書類と合わせて説明させて頂きます。

給付の種類	給付の内容	申請者	提出書類
療養補償給付	業務災害により病院等で治療を受ける場合の費用が支給されます	一人親方	労災保険様式第5号・第6号・第7号各種など 病院経由で労働基準監督署に提出
療養給付	通勤災害により病院等で治療を受ける場合の費用が支給されます	一人親方	労災保険様式第16号各種など 病院経由で労働基準監督署に提出
休業補償給付	業務災害により4日以上労働する事ができなかった場合に支給されます	一人親方	労災保険様式第8号 労働基準監督署に提出
休業給付	通勤災害により4日以上労働する事ができなかった場合に支給されます	一人親方	労災保険様式16号の6 労働基準監督署に提出

　その他、長期間治療が必要な場合には、傷病補償年金・傷病年金が給付され、障害が残ってしまった場合は、障害補償年金・障害年金または障害補償一時金・障害一時金が給付され、死亡した場合には、遺族補償給付・遺族給付が支給されます。いずれの給付も一人親方の場合、元請が申請するのではなく、一人親方自身が申請をすることになります。その他、自社の従業員や下請の従業員が労災事故にあった場合、「労働者死傷病報告書」を労働基準監督署に提出していると思いますが、この書類の提出も必要ありません。

　一人親方が労災事故にあった場合、元請企業としてやらなければならないことは、事故発生時に病院へ搬送する等の対応と、その後労災保険を申請するために必要な事故発生時の状況や原因を伝えることです。事故の発生の原因が、一人親方に一切なく元請企業としての管理ができていないことであった場合でも、労災保険に関しての申請は一人親方自身でしかできません。一人親方に現場で作業をしてもらう前に、事前に書面等で説明をしておくことが重要です。

3・問題を解決することによるメリット

　労災保険の申請手続きの流れを明確にしておくことで労災事故発生時に事故に遭った一人親方に対して必要な給付がスムーズに受けることが可能となります。申請者が一人親方であることを事前に伝えておくことで、「なぜ私に原因がないのに元請企業で手続きをしてくれないのか」などの不要なトラブルを回避することができます。また、労災手続きの流れを明確にすることで、労災事故を一人親方や下請企業が隠すことがなくなります。

4・人事労務管理制度に反映させる上でのポイント

　いまだに元請企業に迷惑をかけることになるので労災事故が発生したにもかかわらず、隠そうとする一人親方も多くいます。労災事故の手続き自体を元請企業としてはできませんが、同じ現場で事故が再発しないように現場で発生した事故すべてが元請企業に報告されるように日々指導が必要です。

Q9 さまざまな資格取得代金を会社で立替え、その後決められた期間働けば立替えた金額を免除しようと思っています。問題ありますか?

1・勘違いしているポイント

　自動車の運転免許や重機の運転免許など、建設業では業務で必要となる免許や資格が多くあります。従業員が自らの業務の拡大のために免許や資格の取得を希望し、会社が援助のために資格取得の代金を立て替えるようであれば問題ありません。しかし、会社からの業務に関係する具体的な免許や資格取得をする場合、当然費用は会社が負担するべきです。

　一定期間勤務することで、会社が立て替えた免許取得や資格取得費用を免除すること自体には問題ありませんが、免許取得や資格取得をする場合、業務の状況に関係なく従業員から一律に費用の負担を設けることは労使のトラブルに発展する可能性がありますので注意が必要です。また、一定期間勤務しないと退職できないと勘違いし、労働基準法で定められている強制労働の禁止に該当するのではないかと考える従業員もいます。

2・問題に対する解決策

　立替をする場合の基準、具体的な資格、立替金を免除するまでの期間、免除をする前に退職する従業員に対しての費用の徴収方法を明確にして、就業規則等に記載をして下さい。

　記載が必要な項目ごとに説明します。

⑴　基準について

　入社時に資格を取得していることを条件とし、入社前に免許試験を受けている場合や会社の指示ではなく、従業員が自ら資格取得を希望し援

助をする目的で設けられた制度を利用する場合など、具体的な内容を定めて下さい。

(2) 具体的な資格

入社の条件としている場合は、雇用契約書等に具体的に資格の名称を記載して下さい。

また、資格が取得できない場合、内定を取り消す旨を必ず記載して下さい。

従業員が自ら資格取得することを促進するための制度を設けるのであれば、対象とする資格名称等を明記することをお勧めします。

(3) 立替金を免除するまでの期間

具体的な免除をするまでの期間を決める必要があります。

費用の立替をした時点からなのか、資格を取得した時点からなのかと合わせて具体的な期間を決めて下さい。また、休職等の期間があった場合の取扱いについても事前に決めておく必要があります。

(4) 免除を受ける前に退職する場合の取扱い

まず、立替金の債権放棄をする条件を事前に通知し、期日到来前であっても退職が可能である旨を明記しておく必要があります。

その上で、定められた期間を経過する前に退職をする場合、費用をいつまでに徴収するのかを決める必要があります。入社の条件とした免許や資格取得の費用は特に慎重な取扱いが必要です。分割での支払いを認めるのであれば具体的な回数や勤務年数による一部免除などを認めるのであれば具体的な割合または金額を決めて下さい。

3・問題を解決することによるメリット

まず、入社の条件とした免許取得や資格取得の費用を立替える制度は、求人を有利に進めることができます。また、免許取得や資格取得を促進する制度では、業務と自己啓発の違いが明確になり労使のトラブルに発

展する可能性が低くなります。

4・人事労務管理制度に反映させる上でのポイント

　費用の立替をし、また免除する制度は会社として人材育成をするとても有効的な方法です。しかし、費用を負担する以上、従業員の理解が必要です。会社にまったく必要がない資格取得費用を会社が負担していたとすれば、「なぜ会社が負担するのか、そんなお金があるのであれば給与を上げてほしい」など従業員のための制度であるにも関わらず逆に従業員の不満を高めることになってしまいます。しかし、一見直接会社に必要がないように思える資格であっても、長期的な観点では必要となる免許や資格もあります。定期的に対象となる免許や資格を見直し、新たな資格を制度の対象とする場合、今後の事業展開などを伝えた上で理由を説明することが重要です。

第6章　製造業に多い質問について

⑴　製造業の労務管理に対する勘違い

　製造業とひとことでいっても、鉄鋼用品、自動車部品、食料品、化学製品、プラスチック製品など、多種多様なものを製造する製造業が存在します。製造業にはさまざまな特性があり、その特性を理解し、その特性に合わせて労務管理をしなければなりません。勘違いから知らず知らずの間に労使トラブルのリスクを抱えてしまっているケースもあります。

　製造業の中小企業の人事労務担当者が労務管理でよく勘違いしているポイントとして下記の3点があげられます。

　　1　労働時間や給与計算の管理

　　2　外国人雇用に対する労務管理

　　3　労災事故の対応

　ここでは1、2について解説します。

1 ｜ 労働時間や給与計算の管理

⑴　労働時間の管理に関する勘違い

　製造業は、2交替勤務や3交替勤務、変形労働時間制の導入などがあり、同じ事業所内で複数の勤務形態が混在し、勤怠システムの設定が正しくできていないことに気づかず、日々の労働時間や深夜労働時間の集計が正しくできていないことがあります。労働時間の管理が正しくできていないことにより未払い賃金が発生し労使トラブルとなるケースがあります。

⑵　勘違いの問題に対する解決策

　まずは製造業の特性として、業務量で閑散や繁忙の時期があり、また異なる勤務形態が混在しています。繁閑期の労働時間および勤務形態による違いを理解した上での労務管理をする必要があります。複雑な勤務形態の場合、勤怠システムの設定も複雑となるケースが多いです。しかし、勤怠システムの設定をした際に一部の集計が正しいので、すべての勤怠データが正しいと勘違いをしているケースが多くあります。勤怠システムの設定の際に、勤務形態ごとに通常の勤務時間、深夜勤務時間、残業時間、深夜残業時間、所定休日労働、所定休日深夜労働、法定休日労働、法定休日深夜労働、深夜0時を超える勤務の労働時間などの通常想定されない勤務も含めて勤怠集計が正しくされているかについて検証する必要があります。勤怠システムの設定を定期的に確認している会社は多くありません。しかし、勤務形態に少しでも変更があれば上記のような細かな作業をすることで間違いを防止できます。

⑶　問題を解決することによるメリット

　正しい労働時間の管理をすることで、正しく給与計算ができ、未払い賃金等の問題での労使トラブルを未然に防ぐことができます。

⑷　人事労務管理に反映させるためのポイント

　勤怠システムの集計違いは、思いがけない従業員からの問合わせで発覚するケースが非常に多いです。多くの場合、イレギュラーな勤務が正確に集計できていません。従業員から指摘があった際には追加で支払わないといけない賃金は必ず過去に遡り支払って下さい。

2 外国人雇用に対する労務管理

⑴　外国人雇用に関する勘違い

　外国人を雇用する会社も多くなり、外国人を雇用することに対し抵抗

を持つ会社が少なくなってきています。一方で外国人を雇用するにあたり必ず行わなければならない、在留カードの確認等の処理が入社時は確認するものの、その後の在留期間を更新した際など定期確認が実施されていないケースが見受けられます。在留資格の更新を確認していないと、就労資格のない外国人を雇用することになるので、不法就労活動を助長したとして処罰の対象となります。

⑵　勘違いの問題に対する解決策

　外国人を雇用した際には、入社時だけでなく在留資格を更新する度に在留カードを確認して下さい。残念ながら偽造された在留カードを所持されている方もいますので、法務省や厚生労働省から在留カードを確認するための詳細を説明する資料が公開されていますので、注意して確認して下さい。失効した在留カードでないかの確認は出入国在留管理庁のホームページで行えます。

⑶　問題を解決することによるメリット

　適正に外国人を雇用することができ、不法就労者を誤って就労させてしまうことがなくなります。

⑷　人事労務管理に反映させるためのポイント

　在留カードを入社時のみ確認している会社が多いです。万が一在留期限が切れた後に更新された在留カード等を提示しない場合、不法就労の可能性があるので慎重に対応をして下さい。

Q 1 営業職や配送専属の従業員の労働時間が把握できないので、残業代を支給しなくてもよいですか?

1・勘違いしているポイント

業務に関係のない行動をしているかもしれない、仮眠をしているかもしれない等、明確に労働していることが確認できない時は、公平な労働時間管理をするために労働時間として集計しなくてよいと思われている人事労務担当者がいます。しかし、労働時間が把握できないという理由だけで残業代を支給しないという理由にはなりません。まずは労働時間の管理について考える必要があります。そもそも会社は従業員の労働時間を適切に把握し、管理をする義務があります。通常であればタイムカード等の適切に労働時間を管理できるツールを使用し、労働時間の管理を行わなければなりません。

このQuestionの営業職や配送専属の従業員の労働時間は把握できないと思われている方もいますが、はたして本当にそうなのでしょうか。たしかに出社から退社まで業務を会社で行う従業員であれば、労働時間の把握は難しいことではないと思います。しかし、現在、さまざまな労務管理システムが存在し、営業職や配送職の従業員も適切に労働時間を把握できるものが存在します。労働時間を把握することを怠り、労働時間の管理ができないという理由で残業代の支払いをしていないと、当然のことながら未払賃金の発生のリスクが高まります。

2・問題に対する解決策

まずは営業職についてですが、営業職といっても勤務の体系は種々存在します。一度会社に出社してから営業に出るケースや直行直帰で営業

を行うケースです。一度会社に出社するケースであれば、まずは出社時間と退社時間は把握することができます。そのほか、営業に出ている時間は携帯電話で常時連絡、指示ができる状態にあることと、休憩時間なども営業日報などで把握することができるので、比較的労働時間の把握は容易にできます。

　直行直帰の場合、会社に出勤することがないので、業務の開始と終了が把握できません。こちらも携帯電話等の連絡で把握することも可能ですが、スマートフォンの出退勤管理アプリなどを使用すると、操作するごとのGPSで従業員がどこにいるかなど把握できるものもあり、労働時間の管理をすることもできます。

　また、配送業務でも同じことが言えますが、どのようなケースでも、さまざまなしくみを使うことで労働時間の管理をすることは可能です。

　以前であれば、営業職は事業場外みなし労働時間制を導入している企業も多くありました。事業場外みなし労働時間制というのは、会社の外に出て業務を行う従業員で、会社が労働時間を管理することが困難な場合、何時間仕事をしていても「○○時間働いたものとみなす。」という制度です。たとえば、8時間労働したとみなすという制度ですと、6時間のみ勤務しても10時間勤務しても、8時間労働したとみなされ、毎日8時間分の勤怠がカウントされる制度です。

　ただ、現在、勤怠管理アプリなどもさまざまなシステムが存在し、自社に合った勤怠管理システムを使うことで、客観的に労働時間の把握ができます。労働時間の把握ができると、事業場外みなし労働時間制対象外となるので、現在は事業場外みなし労働時間制を導入することは大きな企業リスクとなってしまいます。労働時間の管理を行うことができれば、正確な残業代の計算をすることができます。労働時間を管理した上で、残業が発生しているということがあれば、割増賃金の支払いが必要となります。

3・問題を解決することによるメリット

　適正な労働時間管理を行い、残業や休日出勤、深夜労働があれば正式な計算に基づき割増賃金を支払うことで、未払賃金リスクがなくなります。とくに営業職は未払残業の争いが多い業種となるので細心の注意が必要です。また、従業員も業務をした時間に基づき給与が支払われるため、会社に対する安心感となり、離職率の低下にも繋げることができます。

4・人事労務管理制度に反映させる上でのポイント

　自社に合った勤怠管理システムを導入し、運用することで、工場内で勤務する従業員との公平性も保たれます。工場内で勤務する従業員の不要な不満を生むことなく、安心して働くことのできる職場環境を作れるように、勤怠管理システムは慎重に選択して下さい。

Q2 海外出張している際の労働時間はどのように考えたらよいのですか?

A ••

1・勘違いしているポイント

　海外出張している場合の労働時間については、同行する従業員に労働時間の管理のできる管理者がいる場合と、従業員一人、もしくは労働時間の管理のできる管理者がいない場合など、さまざまなケースが考えられます。

　まず、労働時間の管理ができる管理者がいる場合は、その管理者が労働時間の管理を行います。実際に何時から何時まで勤務をし、何時間の休憩をしたかなど、記録を取り管理をします。その記録を基に、給与の支払いを行います。

　次に、従業員1人、もしくは労働時間の管理のできる管理者がいない場合、会社は労働時間の把握をすることが難しくなります。そこで、事業場外みなし労働時間制を適用し、会社から時間外労働や休日労働を命じた場合以外は、通常は所定労働時間を勤務したものとみなします。会社から時間外労働や休日労働を命じた場合については、当然、割増賃金の支払いが必要となります。また、海外出張時の労働時間の管理については、時差を考慮しなければなりません。就業時間や休日については、現地の日時で会社の就業規則に定める就業時間や休日を当てはめて考えることになります。たとえば、就業時間が9：00から18：00で休憩が60分、土日休みの場合、現地の時間で就業時間、休日を考え、18：00を超えて業務命令がある場合は時間外勤務の割増賃金、土日に休日勤務した場合も割増賃金の支払いが必要ということになります。

　また、海外出張時の労働時間で問題となるものに移動時間があります。

よく従業員から海外出張の際、現地までの移動時間など給与は出ますか？という質問を受けることがあります。海外出張となると当然ながら移動時間が長くなるケースがでてきます。ただ、この海外出張をするための移動時間については、労働時間として考える必要はありません。移動時間は自由に時間を使うことができ、労働としての拘束性の程度が低いため、その移動時間を労働時間と考える必要はなくなります。ただ例外として、ノートパソコンで資料作りなどの業務を行っていたり、上司や部下など同行している従業員と移動中に打合わせをするという場合、業務に必要な物品の監視をしながらの移動の場合は、労働時間としての取り扱いとなってしまいますので注意が必要です。

2・問題に対する解決策

　まずは海外出張について、就業規則でルールを明確に定めます。そこで、就業時間をどのように取り扱うかを記載します。通常であれば「事業場外みなし労働時間制」を導入するかと思います。「事業場外みなし労働時間制」については就業規則への定めが必要となるので、規定を作成します。

■規定例

第○○条（事業場外みなし労働時間制）

　従業員が、労働時間の全部または一部について事業場外で業務を行った場合において、労働時間の算定が困難な場合、本規則第○条に定める所定労働時間労働したものとみなします。

2　ただし、当該業務を遂行するために所定労働時間を超えて労働することが必要ある場合で、事業場外労働のみなし労働時間制に関する協定書を締結した場合は、その労使協定で定めた時間労働したものとみなします。

　このように就業規則で事業場外みなし労働時間制について制度を明確にします。

　次に、上記規定例の第2項にあるとおり、そもそも事業場外みなし労働時間が所定労働時間を超える設定をする場合、「事業場外労働のみなし労働時間制に関する協定書」を締結し、「事業場外労働に関する協定届」を労働基準監督署へ届け出る必要があります。

　また、実務として、海外出張で日本と時差があるため、日本との連絡、対応のために時間外勤務をしているケースがよくみられます。労働している時間の実態を把握し、時間外労働に対しての割増賃金の支払いをすることも必要となります。

3・問題を解決することによるメリット

　海外出張の際の労働時間について就業規則に定めをすることにより、労働時間のカウントの方法や考え方が明確になり、未払い賃金のリスクがなくなります。また、労働時間や給与について曖昧になりがちな海外出張について、会社がルールや取扱いを明確にすることにより、安心して海外出張に臨むことができます。

4・人事労務管理制度に反映させる上でのポイント

　時差の取扱等、会社が海外出張の取扱いに慣れていないと未払賃金が発生する可能性があり、注意が必要です。また、海外出張も国内出張も同じことが考えられますので、国内出張においても、就業規則に定めをすることをお勧めします。

Q3 車のメーカーによって駐車場を分けることは問題ありますか?

1・勘違いしているポイント

　従業員が乗る車のメーカーにより、駐車場を分けるということは自動車メーカーやその下請け企業ではよくある話です。会社の入口に近い駐車場、お客様駐車場に近い駐車場は自社のメーカーの車や元請企業のメーカーの車で通勤している従業員用とし、それ以外のメーカーの車で通勤している従業員は来客等から目につきにくい駐車場に停めてもらうなどのケースです。問題があるのではと思われる人事労務担当者もいますが、特に問題はありません。たとえば、駐車場を分けるということ以外でも自社のメーカーの車や元請企業のメーカーの車以外であれば交通費を支給しないというルールも存在します。こちらも、交通費自体に法的にルールがなく、会社が就業規則などで定め独自のルールを作ることは問題ないので、自社のメーカーの車や元請企業のメーカーの車以外であれば交通費を支給しないというルールも法的には問題ありません。ただし、それらが法的には問題がなくても、従業員はどのように感じるかを考えなければなりません。従業員は、自身にとって不利益なルールが運用されていると感じると、とても不満を抱いてしまいます。このような差別的取扱いをしていることで、不要な不満を抱かせることとなり、余計な労使トラブルに発展してしまう可能性があります。

2・問題に対する解決策

　会社として、なぜ車のメーカーごとで駐車場を分けるルールがあるのか、今一度考えてみて下さい。理由や根拠を出すことで、そのルールが

本当に必要かどうかを再検討します。

　それでもそのルールが必要ということであれば、駐車場を分けている目的を従業員に説明し、理解してもらうことが大切です。たとえば、会社の入口やお客様駐車場の近くの駐車場など、来客や取引先の目につく場所には、自社メーカーや元請企業のメーカーの車を停めておきたいと思うのは会社として当然かと思います。来客や主要な元請企業の方が目に付くところにライバルメーカーなどの車が停まっているということなどあれば、あまり気持ちのよいものではないでしょう。関係者の気持ちに配慮し、駐車場を分けるというのは通常考えられることです。理由を明確に説明ができるのであれば、指定メーカー以外の車に乗っている従業員にも納得を得られるものと思います。

3・問題を解決することによるメリット

　従業員の理解を得られることで、指定メーカー以外の車を使用している従業員から不要な不満を取り除くことができます。日々の些細な不満から、労使トラブルに発展してしまうケースもあるので、小さな不満でも的確に取り除き、気持ちよく働いてもらうことが大切です。

　また、会社が対策を取ることにより、来客や元請企業などにも不快な思いを与えることなく、気持ちよく来社して頂けます。

4・人事労務管理制度に反映させる上でのポイント

　従業員一人一人が会社の顔です。取引先等からも見られているということを理解してもらうことが重要です。従業員としての自覚が高まることで、愛社精神も生まれ、従業員の行動も変わるかと思います。

　また、自社のメーカーや自社の元請が製作している車であれば、自分の乗りたい車を作っているという誇りを持ってほしいものです。自社のメーカーや元請企業のメーカーの車以外を使用しているということは、

自社のメーカーや自社が部品などを供給している元請企業のメーカーの車に魅力を感じられず、誇りを持てていないという証です。自社の関わった製品に誇りが持てるように意識改革に取り組むことで、社内の雰囲気も大きく変化します。

試用期間中の従業員が、業務の習得具合が遅く、本採用を見送ることは問題ありませんか?

1・勘違いしているポイント

労働基準法やその他の法律で、試用期間の期間や定義について、定められているものはありません。人事労務担当者が、本採用を見送ることが問題であると勘違いしてもしかたありません。能力不足、協調性欠如、勤務態度不良などの問題がある場合、本採用を見送ることは可能です。ただし、本採用を見送る根拠が必要となります。

試用期間については、会社が独自で定めるルールが基準となり、本採用を見送るということは、解雇と同じ扱いになります。試用期間だからといって、どんな場合でも本採用を見送ることができる訳ではなく、あくまで通常の解雇と同じ扱いになるため、30日前の解雇予告や30日分の解雇予告手当の支払いが必要となり、通常の解雇と同じように手順を踏まなければなりません。

では、試用期間は必要ないのではないか?と思われる方も多いのですが、最高裁の判決（三菱樹脂事件：昭和48年12月12日）でも出ているように、通常の従業員の解雇に比べ試用期間中の従業員については解雇と認められるためのハードルが若干低いという理解をして下さい。

解雇については労使トラブルが非常に多い事案になります。試用期間だからといって、少し仕事の覚えが悪いぐらいで本採用を拒否してしまうと紛争に発展してしまうので注意が必要です。

2・問題に対する解決策

試用期間中の取扱い、本採用の決定、拒否について、就業規則で明確

にルールにすることが必要です。就業規則に定めるポイントは次の7つです。

① 従業員としての適格性を判断するため、試用期間を設けること。

② 試用期間として定める期間を決める。

③ 試用期間として定める期間で従業員としての適格性を判断できなかった場合、試用期間を延長すること。

④ 一定の技能・経験・能力を有する場合、試用期間の短縮、もしくは試用期間を設けないこと。

⑤ 試用期間中の労働条件は、その都度個別に定めること。

⑥ 従業員として適格性があると判断した場合、本採用とし、改めて労働条件を決定すること。

⑦ 試用期間で従業員として不適格と判断した場合、本採用をしないこと。また、不適格と判断する理由を定める（たとえば、指示に従わない、協調性がない、遅刻欠勤を繰り返す、能力向上の意欲がない、勤務態度が悪い、健康状態が悪いなど）。

3・問題を解決することによるメリット

本採用拒否など解雇事案の多くは労使トラブルに発展してしまうケースがあります。そこで、本採用拒否の内容を明確にし、本人に納得をしてもらうことができれば、不要な労使トラブルに発展することを避けることができます。

4・人事労務管理制度に反映させる上でのポイント

面接時や、入社時にどのような場合に本採用拒否となるのかを事前に伝え、理解をして入社してもらいます。また、どうしても本採用を拒否しなければならない事態となった場合、争いとなるリスクを減らすためにも、まずは話合いの時間を設けて退職勧奨を行うこともトラブルを回

避するための一つの方法です。

Q5 能力がない従業員に対し、作業を一切させず見学だけをさせることはパワハラといわれますか？

A ・・・

1・勘違いしているポイント

　難しい要求をしていないのだから、パワハラには該当しないと思われている人事労務担当者もいますが、パワハラに該当します。作業を一切させず、見学だけをさせている状態は、パワハラの行為類型では、「過小な要求」に該当します。

パワーハラスメントの行為類型	実　例
身体的な攻撃（暴行・傷害）	・カッターナイフで頭部を切りつけられた。 ・唾を吐かれたり、物を投げつけられたり蹴られたりした。 ・痛いと言ったところを冗談っぽくわざとたたかれた。
精神的な攻撃（脅迫・名誉毀損・侮辱・ひどい暴言）	・いること自体が会社に対して損害だと大声で言われた。 ・ミスしたら現金に換算し支払わされる。 ・全員が観覧するノートに何度も個人名を出され、能力が低いと罵られた。
人間関係からの切り離し（隔離・仲間外し・無視）	・今まで参加していた会議から外された。 ・職場での会話の無視や飲み会などに一人だけ誘われないなど。 ・他の部下には雑談や軽口をしているが、自分とは業務の話以外一切ない。
過大な要求（業務上明らかに不要なことや遂行不可能なことの強制、仕事の妨害）	・多大な業務量を強いられ、月80時間を超える残業が継続していた。 ・明らかに管理者の業務であるにもかかわらず、業務命令で仕事を振ってくる。 ・絶対にできない仕事を、管理職ならやるべきと強制された。

過小な要求（業務上の合理性な く、能力や経験とかけ離れた程 度の低い仕事を命じることや仕 事を与えないこと）	・故意に簡単な仕事をずっとするように言われた。 ・一日中掃除だけさせられる日々があった。 ・入社当時に期待・希望していたこととかけ離れた 　事務処理ばかりさせられる。
個の侵害（私的なことに過度に 立ち入ること）	・出身校や家庭の事情等をしつこく聞かれ、答えな 　いと総務に聞くと言われた。 ・接客態度が堅いのは彼氏がいないからだと言われ 　た。 ・引越したことを皆の前で言われ、おおまかな住所 　まで言われた。

（出典：厚生労働省「職場のパワーハラスメントに関する実態調査報告書」を元に一部加工）

　厚生労働省の資料では、さまざまな事由がパワハラとされてしまいますが、質問の内容をみると、通常業務ができる状態にもかかわらず、作業をさせてもらえないことは「過小な要求」に分類され、パワハラの一種となってしまいます。

　さまざまな事例がパワハラとして示されています。相手がパワハラだと感じれば労使トラブルに発展する可能性がありますので注意が必要です。

2・問題に対する解決策

　このQuestionの場合、まず、作業をさせないことに明確な理由の説明が必要です。その次に指導方法のロードマップ等があれば目的等含め、わかりやすく伝えて下さい。作業をさせない目的などがなく、単なる嫌がらせであれば早急に事態を改善する必要があります。

　また今後、同様のことが起こらないためにも、知らず知らずパワハラ行為を行ってしまっている可能性の高い管理者にパワハラ教育を実施して下さい。そこで、パワハラとはどういった行為が該当するかなど、パワハラについての意識を高める必要があります。その上でパワハラについてのルールを就業規則で定める必要があります。

　就業規則に定める際には、次の7つのポイントに注意して下さい。

① 　パワーハラスメントとは何かを記載する。

② 　パワーハラスメントに該当する行為をした従業員は、懲戒処分の対象とすること。

③ 　パワーハラスメントに対する相談窓口、責任者を明確にする。

④ 　相談者からの事実確認、報告、該当者への聴取など、手順を記載する。また、聴取の拒否はできない旨を記載する。

⑤ 　パワーハラスメントの行為者への懲戒処分、人事異動等、就業環境を改善するための措置を決める。

⑥ 　パワーハラスメントの相談者、事実関係確認の協力者へ不利益な取扱いはしないこと。

⑦ 　周知徹底や研修など、適切な再発防止策を記載する。

3・問題を解決することによるメリット

　上記のような対応をとることで、従業員は会社がパワハラについて適切に対応してくれているということが実感でき、安心して働くことができます。また、パワハラ行為者については、当該対応が抑止力となり、パワハラが起こりづらい環境となるので、労使トラブルが減り離職率の低下にも繋がります。

4・人事労務管理制度に反映させる上でのポイント

　ルールを明確にし、パワハラ自体が起こりづらい環境を作ることは大切です。しかし、それでもパワハラが起こってしまった場合、相談窓口等を設けることで事態が深刻になる前に解決に繋げることができます。

会社携帯のGPS機能で従業員の行動を監視することはプライバシーの侵害等に当たりますか?

1・勘違いしているポイント

　今現在、さまざまな方法でGPS機能を用いて位置情報を把握することができます。社外で業務を行う営業職や配送職の就業時間中の行動を監視したいと思われる会社もあるかと思います。就業時間外にGPS機能で従業員の行動を監視することはプライバシーの侵害に当たります。しかし、就業時間中であれば適法であり問題ありません。ただし、就業時間中に限りということは忘れてはいけません。また、目的も明確に従業員に周知する必要があります。よくあるケースをみていきましょう。

①　営業職などの直行直帰の従業員で、始業終業を把握するための勤怠管理に使用するケース

②　人員を的確に配置するために導入するケース

　　たとえば、鍵開けや鍵の紛失トラブルに対応する業種ですと、どの従業員がどこにいるかは常に把握する必要があり、依頼があればその近くにいる従業員がすぐ連絡することができ、素早い対応が可能となります。

③　職務専念義務を果たしているかどうかを確認したいケース

　　業務に関係のない行動をしていないかを確認したいケースです。

④　配送業務で誰がどこにいるかを把握し、納品先などの問い合わせにもすぐに対応したいケース

　このように、GPS機能で従業員のいる場所を把握したいということは通常考えられることですが、あくまで業務に必要な場合のみ行って下さい。業務と関係なくただ監視したいケースですと、パワハラに該当して

しまうこともあり、いくら就業時間中でも許される行為ではありません。また、従業員に目的やルールを伝えておかないと、従業員との信頼関係が崩れてしまい、労使トラブルに発展してしまうこともあるので、慎重に導入する必要があります。

2・問題に対する解決策

まずは、GPS機能で従業員を監視することが自社に必要かを検討して下さい。検討した結果、業務に必要と判断できれば導入に向けて制度整備を進めていきます。

最初に、どのような装置を使用して位置管理をするのかを決定します。

① 社用車にGPS装置を搭載する。

② 会社携帯のGPS機能を活用する。

③ 個人所有の営業車にGPS装置を搭載する。

④ 個人携帯のGPS機能を活用する。

さまざまな方法が考えられます。ただし、③と④については注意が必要です。就業時間外はプライベートな時間となるため、その時間まで監視してしまうと当然プライバシーの侵害となってしまいます。③については終業後にGPS装置を外す、④については終業後にGPSアプリなどをOFFにするなどの対応が必要です。

位置管理の方法が決まったら、次にルールを就業規則で定め、従業員に説明する必要があります。説明時に、なぜGPS管理をするのか目的や方法などを理解してもらうための説明が必要になります。いくら適法だとしても、従業員が目的等を理解ができないと、プライバシーを侵害されているように感じてしまうことや監視されていると感じることでモチベーションの低下に繋がってしまうので注意が必要です。

3・問題を解決することによるメリット

　このように手順を踏んで導入することにより、不要な労使トラブルを避けることができます。また、制度が導入できることで業務の効率化から生産性の向上にも繋げることができます。

4・人事労務管理制度に反映させる上でのポイント

　従業員の同意なく、隠れて無断で社用車にGPS装置を取り付けてしまうケースも耳にしますが、やはり会社と従業員は信頼関係で成り立っているため、説明をすることなく、後に事実がわかると大きな反発を招き、思わぬ労使トラブルに発展する可能性があります。従業員に説明をし、理解を得てから制度をスタートさせることが重要です。

日々の仕事が原因で腰痛になってしまったので、労災を申請してほしいと従業員に言われました。労災の申請をしなければいけませんか?

1・勘違いしているポイント

腰痛の原因はさまざまで、労災として申請することが難しいと勘違いしている人事労務担当者がよくいます。まずは労災について理解することが必要です。労災と認められるには、2つの要件を満たす必要があります。

(1) 業務遂行性

業務中に発生した災害かどうかということです。従業員が事業場内で業務をしている場合はもちろん、休憩時間中で業務をしていない場合でも、事業場の設備や管理状況等により発生した災害は労災と認めらます。また、運送業での配送、建設現場での作業、営業での移動、出張など、事業場外での労働も業務上で必要がありその場にいたのであれば、業務遂行性は認められます。さらに、運動会や宴会など参加が強制のものも業務遂行性が認められます。

(2) 業務起因性

災害の発生が業務が原因となっているかどうかということです。作業道具に手を挟んで怪我をしてしまうことや工場内を移動中階段で足を滑らせて転落し怪我をしてしまうなどは業務が原因であることがわかりやすいのですが、過労死や精神疾患、事業場の有害因子による疾病、腰痛や腱鞘炎などは、本当に業務が原因になっているか確実に証明できることで、業務起因性が認められます。

この2つの要件を満たすことで労災として認められることになります。今回のケースの腰痛では、その2つの要件を満たせているかどうか

がポイントとなります。

　腰痛に関しては私生活上で発生したものか、業務で発生したものかについてとても判断が難しいため、厚生労働省から一定の基準が出されています。

① 腰の負傷またはその負傷の原因となった急激な力の作用が、仕事中の突発的なできごとによって生じたことが明らかに認められること。

　（例）　重量物を運搬作業中に転倒して腰を痛めた場合。重量物を２人で担いで運搬中、そのうちの１人が誤って手を離したことによりもう１人に急激な負荷がかかり腰を痛めた場合

② 腰に作用した力が腰痛を発症させ、または腰痛の既往症・基礎疾患を著しく悪化させたと医学的に認められること。

　（例）　物を持ち上げる際、予想に反して重かったり軽かったりしたことにより腰を痛めた場合。不適当な姿勢で重量物を持ち上げ急激な強い力が腰にかかり腰を痛めた場合

③ 突発的なできごとが原因ではなく、重量物を取り扱う仕事など腰に過度の負担がかかる仕事に従事する労働者に発症した腰痛で、作業の状態や作業期間などからみて、仕事が原因で発症したと認められるもの

　今回のQuestionのケースはこの③に当たる内容だと思います。日々の業務で少しずつ腰に負荷がかかり腰痛を発症した場合です。このケースは本当に仕事が原因なのか私生活が原因なのかが判断しづらいことなので、厚生労働省から一定の基準が出されています。

① 筋肉等の疲労を原因とした腰痛

　次のような業務に約３カ月以上従事したことによる筋肉等の疲労を原因として発症した腰痛の場合

・約20kg以上の重量物または重量の異なる物品を繰り返し中腰の

姿勢で取り扱う業務（例：港湾荷役など）

・毎日数時間程度、腰にとって極めて不自然な姿勢を保持して行う業務（例：配電工など）

・長時間立ち上がることができず、同一の姿勢を持続して行う業務（例：長距離トラック運転業務など）

・腰に著しく大きな振動を受ける作業を継続して行う業務（例：フォークリフト等の車両系荷役運搬機械の運転業務など）

② 骨の変化を原因とした腰痛

次のような重量物を取り扱う業務に約10年以上にわたり継続して従事したことによる骨の変化を原因として発症した腰痛

・約30キロ以上の重量物を、労働時間の3分の1以上に及んで取り扱う業務

・約20キロ以上の重量物を、労働時間の半分程度以上に及んで取り扱う業務

このように腰痛については細かな認定基準が定められており、上記①と②のケースに該当する場合、労災と認められることとなります。今回の質問のように、仕事が原因で腰痛になってしまったと従業員が言ってきた場合、実際の業務を確認し、適切に対応しないと労働基準監督署から「労災隠し」と指摘を受けてしまう可能性もあります。

2・問題に対する解決策

まずは、その従業員の業務の実態を確認します。確認の上で、労災の可能性があるのであれば、最初から労災指定病院にかかるように指示します。その上で、労災の申請を進めていくことになりますが、労災の申請に慣れている会社は少ないと思います。労災の認定は労働基準監督署が行いますので、管轄の労働基準監督署に相談へ行き、事情を説明し、申請を進めていきます。

3・問題を解決することによるメリット

　会社が労災の申請などを行うことにより、従業員の心配がなくなり、安心して業務をすることができます。また、「労災隠し」はとても大きな罰則があり、労働基準監督署も積極的に司法処分（書類送検）を行います。適正に労災の申請を行うことで、司法処分のリスクがなくなります。

4・人事労務管理制度に反映させる上でのポイント

　もし、腰痛で労災かもしれないという事案が起きたときは、腰痛が労災として認められる基準に合致しているかどうかを見極める必要があります。また、事前に従業員には既往歴や腰痛の有無などの聞取りを行い、過去に腰痛があったり、すでにある場合など、就かせる業務を検討することも必要です。

医療業界・介護業界といっても、病院やクリニック、特別養護老人ホームや介護老人福祉施設、デイサービス、グループホーム等さまざまあります。

その中で医療業界・介護業界の人事労務担当者によく見受けられる勘違いについては下記の3点があげられます。

1 休憩時間に関する勘違い

2 労働時間に関する勘違い

3 年次有給休暇に関する勘違い

ここでは上記1、2について解説します。

1 休憩時間に関する勘違い

⑴ 休憩時間の取扱いに関する勘違い

クリニックや病院では、午前中の診療が終了してから午後の診療が始まるまでの2時間〜3時間の比較的長い時間を休憩時間として運用していることが多いです。休憩時間を長く設定することは問題ありません。ただし、午前の診療の終了時間が所定の時間より伸びてしまい、結果として休憩時間が短縮される場合は、時間外労働の割増賃金を支払わなければならないケースがあります。しかし、終業時刻が所定の時刻を超えるわけではないので、割増賃金の支払いが発生しないと勘違いをされている人事労務担当者が多く見受けられます。

⑵ 問題に対する解決策

所定労働時間を明確にし、就業規則等に下記のように記載をして下さい。

① 始業時刻　例　8時30分

② 休憩の時間　例　12時00分〜13時30分、12時30分〜14時00分

③ 終業時刻　例　18時00分

所定労働時間を明確にした上で、休憩時間に労働をしているようであれば労働時間として集計し賃金の支払いをして下さい。

⑶ 休憩時間の取扱いに関する問題を解決するメリット

適正に休憩時間を管理することで、まず未払賃金の発生を防止できます。午前診療が延長した際には労働時間として集計されず、午後の診療が延長された場合は残業として取り扱うことは、従業員により異なる処理となり公平ではありません。この点において、公平な処理をすることとなるので従業員の不満もなくなります。

⑷ 人事労務管理制度に反映させる上でのポイント

午前の診療時間が長引き休憩時間にまで及んでしまうことは、よくあることだと思います。長引いてしまった時間を労働時間として集計する方法でもよいですが、休憩時間を就業規則に定めた時間で取ることができるように、休憩を取る時間を交替で組み運用することをお勧めします。

2 労働時間に関する勘違い

⑴ 法定労働時間44時間の取扱いについての勘違い

クリニックでは従業員数が少ないところも多く法定労働時間が1週間44時間の労働基準法の特例措置で運用されている場合が多くあります。従業員数が9名以下のままであれば問題ないのですが10名以上になったにも関わらず、法定労働時間が1週間44時間の労働基準法の特例措置で運用されているクリニックがよく見受けられます。クリニック開業当初のままの労働時間管理で運用してしまっていることが主な原因ですが、10名以上になったにも関わらず、変更せずに運用していると賃金

の未払いが発生し労使トラブルに発展する可能性もあります。

⑵　問題に対する解決策

　従業員数が10名になった場合は、法定労働時間を40時間として勤怠管理を変更し、割増賃金等の計算をして下さい。合わせて法定労働時間を40時間として勤務時間の見直しを実施し就業規則等の変更を行って下さい。

⑶　法定労働時間44時間の取扱いに関する問題を解決するメリット

　適正に賃金が支払われることにより、労使トラブルの原因を減らすことができます。病院やクリニックに勤務されている看護師、助産師や検査技師など資格をお持ちの方は転職も容易に可能です。離職率を下げることにもつながりますので、クリニックの規模に合わせて適正に労働時間の管理をして下さい。

⑷　人事労務管理制度に反映させる上でのポイント

　44時間の特例措置から40時間制に変更するタイミングで従業員には、事前に内容の説明をすることをお勧めします。また、遡及して変更しなければならない状況であれば不足分の賃金の計算も必要となります。

Q① 学会等で医師が不在の際は、休診日の従業員に対する取扱いを年次有給休暇として問題ありませんか?

 A

1・勘違いしているポイント

　クリニックでは医師が学会等で不在の場合、代理の医師が診察を行うことなく、休診日として対応をする場合が多いと思います。年次有給休暇の計画的付与を利用すれば、有給休暇として取り扱うことも可能ですが、クリニックが認める特別な休暇として定めることや、変形労働時間制を採用している場合、所定の休日として取り扱うことも可能です。このQuestionにおいては、有給休暇として取り扱うことは可能です。しかし、年次有給休暇の計画的付与を利用しての有給休暇なのか、クリニックが認める特別な休暇を有給として取り扱うのか等を明確にしないままに、処理を進めると労使トラブルに発展する可能があります。特に年次有給休暇の計画的付与として取り扱う場合は、手順を踏み処理を進めないとトラブルの可能性が高くなるので注意が必要です。

2・問題に対する解決策

　年次有給休暇として取り扱うことは問題ありません。しかし、どのような制度で有給扱いとして処理をしているかを明確にする必要があります。ここでは、主な3パターンの解説とそれぞれ運用する際に必要になってくる処理について説明します。

(1) 年次有給休暇を利用する場合

処理方法	制度の概要
年次有給休暇の計画的付与	クリニックで計画的に年次有給休暇の取得日を決めて与える制度です。ただし、最低5日間は従業員自らが請求できる日数を残す必要があります。

　制度を導入するには、就業規則に年次有給休暇の計画的付与についての記載と労働者の代表との労使協定の締結が必要です。労働基準監督署への届出は必要ありません。

　労使協定では、次の内容を記載しなければなりません。

① 計画的付与の対象者を定める

　定年退職予定者など退職が決まっている従業員などを対象者とするか否かを決める必要があります。

② 計画的に付与する日数

　最低5日間は従業員が自ら請求できる日数を残して定める必要があります。

③ 年次有給休暇を計画的に付与する具体的な方法

　個別に付与日を決定する、グループで付与日を決定するなどを定める必要があります。

④ 計画的付与の日を変更する場合取扱い

　付与日を変更した場合の手続きについて定める必要があります。

(2) 1カ月単位の変形労働時間制を採用している場合で休日として取り扱う場合

　1カ月単位の変形労働時間制を採用し、労働日・労働時間をシフト表等により毎月通知している場合などは、休日として取り扱うことが可能です。1カ月単位の変形労働時間制を採用する場合には、就業規則に定めるか、もしくは労使協定を締結し、労働基準監督署への届出が必要です。

　なお、学会等のスケジュールが1年前から明らかになっているケースは少ないので、1年単位の変形労働時間制での対応は難しいです。

⑶　年次有給休暇とは別の有給の特別休暇として対応する場合

　年次有給休暇とは別に、クリニックで定めた有給の休暇を与え処理する場合、就業規則にどのような場合に年次有給休暇とは別の特別な休暇を与えるかの詳細を定める必要があります。

3・問題を解決することによるメリット

　どのような制度で処理を進めるかを事前に決めておくことにより、休暇に関して労使トラブルに発展することを防ぐことが可能です。また、年次有給休暇の計画的付与で対応する場合は、年次有給休暇の消化率が上がり従業員満足度が上がります。

4・人事労務管理制度に反映させる上でのポイント

　年次有給休暇の計画的付与や1カ月単位の変形労働時間制の休暇として対応する場合は、事前に制度の説明をする必要があります。特別休暇で対応をする場合は、導入にあたり従業員から不満等が出ることはありません。しかし、どのような休暇処理をしているのかを理解してもらわないと、適正な処理がされていないのではと考える従業員もいるので説明は必要です。

勤務終了後、利用者や患者の情報を従業員同士で
SNSを使って引き継ぎしています。プライベートな
繋がりで連絡をしているようですが注意することは
できますか?

1・勘違いしているポイント

　勤務の引継ぎが発生する場合、対面で引継ぎができるときだけでなく、業務引継書などの文書や専用のシステムに内容を入力して引継ぎを行うなど、事業所により必ず定められた方法があります。携帯電話などの通信機器の普及やさまざまなSNSツールの利用者が増加するにつれて、電話やメールより手軽に連絡が取れるSNSツールを用いての従業員のプライベートの繋がりが増加しています。仲のよい従業員同士がグループを作り情報を交換しているケースはよくあります。このような状況の中で、日々の業務の中で引継ぎを指定の方法でするものの、伝え忘れてしまった内容をSNSを用いて引継ぎをしているケースが多く見受けられます。人事労務担当者としてプライベートに立ち入ることは難しいのではないかとお考えの方が多いです。しかし、患者や利用者の情報を指定の方法以外で交換することは、誤送信などにより個人情報の漏洩につながります。また、仲のよい従業員同士のグループに所属していない従業員に関しては、適切な引継ぎができない状況になります。

2・問題に対する解決策

　情報を電話で伝えているのであれば本人を確認してから話をしているので、誤って関係者以外に情報を伝えることはほとんどないと思いますがSNSの場合、誤って関係者でない方に情報を送ってしまう可能性があります。従業員同士のプライベートでのSNSの利用を禁止すること

はできませんが、SNSで業務に関する内容を伝達することを禁止することはできます。禁止するには就業規則に禁止する内容を具体的に定める必要があります。ポイントは次にあげる3点です。

① 業務に関する情報とはどのような情報かを明確にする。

　個人を特定できないようにイニシャル等であれば問題ないと考える従業員もいます。

　仮にSNSを誤って送信した場合に個人が特定できる内容であるか否かを、従業員個々に判断させることは定めがないのと同様ですので情報交換を禁止する具体的事例を列挙することをお勧めします。

■例・業務中に起こったできごと

　　・患者や利用者の情報

　　・従業員の情報

　　・クリニック等の経営に関する情報

② 服務規律・服務心得や情報管理の項目に業務に関する情報交換をSNSで行ってはいけない旨を定める。

③ 違反した場合に懲戒の対象となる旨を懲戒事由に記載する。

　具体的な記載例は次のとおりです。

■例・情報管理に関する禁止行為をしたとき

　　・クリニック等で定められた情報をＳＮＳで発信したときまたは、送信されていることを知り会社に報告しなかったとき

3・問題を解決することによるメリット

　情報管理を明確にすることで、社内で情報管理を徹底することができ、個人情報等の漏洩リスクを軽減できます。また、どの従業員でも同じ方法で引き継ぎ業務を行うことにより業務の効率化が進みます。個人的な人間関係によるグループは、業務でも影響が出てくることがあります。

仲よし同士であれば業務が円滑に進み、そうでない場合には円滑な業務が行えないという事態が起きる原因の一つを排除できます。

4・人事労務管理制度に反映させる上でのポイント

　業務の引継ぎをSNSで行うことは、情報の漏洩に繋がりかねない非常に重要な問題です。しかし一方で、従業員はよかれと思って業務時間外に引継作業をしている場合が多いです。仕事に対して責任を持っているからこそ、業務の引継ぎに不十分な点があった場合にとっている行動です。この行動自体を否定するのではなく、業務の引継ぎが不十分であった場合には、ＳＮＳで連絡を取ることが情報漏洩の観点から問題となるだけで、電話等で連絡をもらえるように定めをして頂くことをお勧めします。

Q3 繁忙期、休憩時間が取れないケースが多くあります。割増賃金を支払えば休憩を与えなくても大丈夫ですか？

A •

1・勘違いしているポイント

　休憩時間は労働基準法で、6時間を超える場合少なくとも45分、8時間を超える場合には60分与えなければならないとなっています。しかし、クリニックでは、午前の診療が忙しく午後の診療の直前まで診察等が続き、労働基準法で定められた時間休憩が取れない場合があります。また小規模の介護施設では、食事の介助業務に時間がかかり、休憩が取れないケースがあります。しかし、休憩は時間外労働のように労使協定によって労働を可能とするなどの処理はできず、必ず与える必要があります。休憩が取れない代わりに、割増賃金を支払うという処理は、自由に利用できる休憩の時間が確保されないわけですから労使のトラブルになる可能性があります。

2・問題に対する解決策

　休憩は必ず与えなければなりません。労働基準法で定められている休憩についてポイントは下記の4点です。

①　労働時間が6時間を超える場合、少なくとも45分与える。

②　労働時間が8時間を超える場合、少なくとも60分与える。

③　一斉に与える（保健衛生業は労使協定の締結をせずに一斉付与の適用除外が可能です。）。

④　自由に利用させる。

労働時間が6時間を超えなければ休憩を与える必要はありません。短時間勤務のパートタイムやアルバイトの方へは与えなくてよいことにな

ります。また、労働時間が8時間を超えなければ45分与えれば労働基準法に定められている条件はクリアできます。しかし、実際の運用上は、就業規則に始業時刻から終業時刻の間で60分の休憩時間を定めるのが基本です。就業規則の記載例は次のとおりです。

■月曜日、水曜日、金曜日

　始業時刻8：30　終業時刻17：30

　休憩時間12：30 〜 13：30

■水曜日、土曜日

　始業時刻8：30　終業時刻12：30

　休憩時間　なし

17時30分で勤務を終えることができれば、8時間を超えることにならないので休憩は45分与えれば問題ありません。しかし、クリニックや介護施設では突発的な業務が発生する可能性が高く運用が繁雑になりますので、所定労働時間を8時間と定めている場合には休憩時間を45分で定めることをお勧めしません。

就業規則の記載例のように休憩時間を定められない介護施設のような業務の場合、ローテーションを明確にして休憩を与えれば問題ありません。休憩は一斉に与えるのが原則ですが、保健衛生業は特定の業種とされており、労使協定等を締結せずにローテーションで休憩を与えることが可能です。

最後のポイントが自由に利用させるという点です。休憩時間は業務をする義務のない時間ですが、社内の規律を守るため外出時に報告をさせるなど一定の制限を設けることは問題ありません。しかし、電話対応をしながら休憩するなど、業務を行っている場合休憩とは認められません。就業規則等に休憩時間の定めを記載し、全員が休憩を取れるローテーションを考えることで問題の解決ができます。

3・問題を解決することによるメリット

　休憩を適正に与えることができるようになることで、労使トラブルを未然に防ぐことができます。休憩中に電話対応をしないといけない、午前中の業務の後片付けをしないといけないので休憩時間がいつも規定の時間取ることができないなどの従業員の不満がなくなります。適正に与えることができるようになることで、労使トラブルを未然に防ぐことができます。また、休憩を取ることでその後の業務に集中してもらえます。

4・人事労務管理制度に反映させる上でのポイント

　勤務ローテーションをどのようにするか、現状の業務内容等を把握した上で決定する必要があります。また、パートタイムやアルバイトの方は、休憩時間は必要ないので勤務させてほしいという希望もあると思います。1日の所定労働時間が3時間〜5時間の短時間勤務であれば一律の条件を定めて運用することは可能です。しかし、労働時間が6時間を超える可能性がある従業員については、適正に休憩時間を取ることができなくなる可能がありますので、休憩時間のない勤務を定めることはお勧めできません。

夜間勤務の仮眠時間を休憩時間として取り扱うことに問題ありますか?

1・勘違いしているポイント

　病院や介護施設では夜間の勤務に長い休憩時間を設定していることが多くあります。休憩時間を適正に与えることができていれば問題ありませんが、仮眠することを強制するなど自由に利用ができていない場合は問題となります。また、定められている休憩時間が取れない状況であれば当然問題です。休憩時間は、労働する義務のない時間です。休憩時間として定めていることだけでは休憩時間とはなりません。実際に休憩時間を与えることができなければなりませんし、またその後の業務のために仮眠を強制することもできません。労働時間が6時間を超える場合、少なくとも45分、8時間を超える場合、少なくとも60分与えなければなりません。所定の休憩時間を与えることができないと公平な労働条件でなくなるために従業員から多くの不満が出ることになります。休憩を適正に与えることができない状態が続くと夜勤をすることを敬遠する従業員が増加したり、最悪の場合離職する従業員が増加します。

2・問題に対する解決策

　休憩時間を法律で定められている時間以上に長く設定し、実際に休憩を与えることができ、その休憩時間に従業員が自主的に仮眠を取ってくれている状況であれば問題ありません。しかし、休憩を与えることができない日があるとすれば、現在の状況を検証し、ローテーションを考え休憩を与える環境を整える必要があります。

　また、仮にほとんど労働をすることが必要のない状況であれば、断続

的な宿日直として許可を得て取り扱うことも可能です。その際にはまず「断続的な宿直又は日直勤務許可申請書」を労働基準監督署長に提出する必要があります。その後、労働基準監督署長が許可基準に当てはまるかを審査することとなります。

　断続的な宿直勤務の許可基準は次のとおりです。

①　常態として、ほとんど労働する必要がない勤務であること。

　　定時的巡視、緊急の文書または電話の収受、非常事態に備えての待機等のほか、軽度かつ短時間の作業であること。

②　通常の勤務時間からの拘束から完全に解放されている必要があること。

③　相当の睡眠設備が設置され、かつ、夜間に十分睡眠が取り得ること。

④　1回あたりの宿直手当の最低額は、宿直勤務に就く労働者の賃金の1人1日平均額の3分の1以上であること。

⑤　宿直勤務の回数は、原則として週1回を限度とすること。

（出典：厚生労働省リーフレット「グループホームにおける夜間勤務者等の適正な労務管理のために」（平成30年3月））

　上記の方法から適正に運用できる方法の選択が必要です。

3・問題を解決することによるメリット

　夜間勤務の仮眠時間を明確に定めることで、従業員の不満がなくなり夜勤に協力してくれる従業員も増えます。医療や介護の業界では、家庭の事情で夜勤をすることが制限される方が多くいます。夜勤の勤務ローテーションを適正にすることは問題を解決する一つの方法です。また、宿日直勤務とする場合は、通常の業務とは大きく内容が変わるため、求人をする際には今までとは違う考えの従業員が応募してくれる可能性があります。

4・人事労務管理制度に反映させる上でのポイント

　現状の勤務時間の実態を把握し、仮眠の時間として利用ができる程度の長さの休憩時間を与えることができるかを検討する必要があります。さまざま職種があるのであれば、夜勤の際のそれぞれの業務内容を把握し検討して下さい。夜勤を敬遠する従業員と給与面で有利な夜勤を少しでも多く勤務したい従業員と両者が納得してもらえる勤務ローテーションや人員の配置が必要です。また、宿日直勤務許可の基準を満たし、労働基準監督署長の許可を得ることができれば宿日直業務としての運用も可能です。しかし従業員からの反発があると思われますので、事前に説明会を開催し、宿日直勤務とはどのような業務なのかを理解してもらう機会を作る必要があります。

現在、年間休日は130日程度ありますが、有給休暇はそれでも5日必ず消化させないといけませんか？

1・勘違いしているポイント

　クリニックでは、年間休暇を多く設定されているケースが多くあります。日曜日、祝日、ゴールデンウィーク、夏季、年末年始などに加えて、医師が学会等に出席するスケジュールが事前にわかっている場合は、その期間も休日としているクリニックが多く見受けられます。年次有給休暇の年5日以上の取得は、休日の日数が多いからといって免除されるわけではありません。必ず取得させる必要があります。年間休日が多いことを理由に年次有給休暇の年5日消化をさせなかった場合、従業員との労使トラブルに発展する可能性が非常に高いです。また、労働基準法の違反にもなりますので、罰則の対象となります。

2・問題に対する解決策

　まず、年次有給休暇を年5日以上取得させなければならない従業員の範囲を正確に把握することが必要です。対象となる従業員は年次有給休暇を年間10日以上付与される方です。正社員はもちろんですが、パートタイム労働者などでも勤務日数や勤続年数の条件を満たしていれば10日以上の年次有給が付与されますので対象となります。具体的には週に3日勤務するパートタイム労働者であれば、5年6カ月以上、4日勤務するパートタイム労働者であれば3年6カ月以上それぞれ勤続期間があれば、10日付与される可能性があります。（第1章のQuestion 8に、対象となる従業員がわかる表がありますので、確認して下さい。）

　対象者は先のとおりですが、従業員が自身で年次有給休暇の取得を希

望しすでに年間5日取得ができている状況であれば、新たに取り組む必要性はありません。一方で一部の従業員が取得できていない状況であれば取得してもらえるような取組みが必要です。

　対象者が明確になった上ですでに年間休日が多く、これ以上従業員が休暇を取得すると正常な業務の運営を妨げる可能性があるのか、ローテーションを組んで年次有給休暇を取得してもらえるのであれば、クリニック等の運営に問題がないのかをまず考える必要があります。現在の人員では年次有給休暇を取得した場合に正常な業務の運営ができないのであれば、従業員の増員をしなければなりません。従業員の増員をしないのであれば、年間の休日を減らすことに従業員全員から同意を得て変更する必要があります。ローテーションを組んで取得が可能であれば、ローテーションの組み方に従業員間で不公平が起きないように定めをする必要があります。年次有給休暇を年間5日以上取得してもらうための具体的な方法は次の2つです。

⑴　年次有給休暇の取得日を時季指定する

　この方法の場合、就業規則に時季指定をする対象労働者の範囲、時季を指定する際の方法を必ず記載する必要があります。

⑵　年次有給休暇の計画的付与制度を利用する

　就業規則に計画的付与制度の内容を定め、労働者の過半数で組織する労働組合または労働者の過半数で組織する労働組合がない場合は労働者の過半数を代表する者と労使協定を締結する必要があります。労使協定では次の項目を定めなければなりません。

①　対象者

②　対象となる年次有給休暇の日数

③　計画的付与をどのように与えるか

　※一斉に付与する、交代で付与するなど

④　年次有給休暇の付与日数が少ない従業員の取扱い

223

⑤　計画的付与を変更する場合の手続方法

3・問題を解決することによるメリット

　年次有給休暇の5日取得を会社が積極的に取り組むことで、従業員は法律を遵守している会社だと感じてくれます。このことは、労使トラブルを減らす要因にもなります。年次有給休暇を多く取得できる環境が調えば、人材確保や人材流出の問題についてもプラスに働きます。

4・人事労務管理制度に反映させる上でのポイント

　年次有給休暇の年5日取得の義務化は、当然働く人の心身を守るための制度です。どのような方法で運用することが従業員にとって一番メリットがあるのか、またクリニックとしてどのような方法であれば、業務に支障が出ないのかを考え、具体的な方法を選んでいく必要があります。

大きな声で怒ることはパワハラですか?

1・勘違いしているポイント

　医療業界・介護業界では、業務で間違いを起こすことで、人の命に係わる問題になるケースが多くあります。そのため、管理をする立場の従業員が厳しく指導をし、時には大きな声で怒ることも多くあります。業務上必要な注意であっても、精神的に圧力を加えられ、恐怖を感じさせてしまう内容であればパワーハラスメントの行為となってしまいます。大きな声で怒ることだけでなく、さまざまな状況で指導と思って行っていることがパワーハラスメントに該当してしまう可能性がありますので注意が必要です。パワーハラスメントの対策を講じていないと従業員との大きな労使トラブルに繋がります。

2・問題に対する解決策

　パワーハラスメントとはどのような行為が該当するかを、理解し、その上で防止対策を検討する必要があります。そのために、説明会を設けることが重要です。説明会ではまず職場におけるパワーハラスメントとは次の3つの要素をすべて満たす行為であることを説明して下さい。

① 優越的な関係に基づいて（優越性を背景に）行われる行為

　　上司が部下に行う行為だけでなく、同僚や部下が行う行為も該当します。

② 業務上の適正な範囲を超えた行為

③ 身体もしくは精神に苦痛を与える行為または就業環境を害する行為

225

パワーハラスメントが発生しないようにするために、会社が取り組まなければならない具体的な内容の例は次のとおりです。

① パワーハラスメントを防止するために社内で方針を決め周知する。

② パワーハラスメントと思われる事件が発生した際に、従業員が相談できる窓口の設置

③ パワーハラスメントが発生した場合、被害を受けた従業員の対応および再発防止の対策実施

上記の内容を就業規則に明確に規定し運用することが重要です。また、パワーハラスメントの定義をするだけでなく、パワーハラスメントの加害者となった場合の懲戒処分等の内容も就業規則に定めることにより従業員へさらに明確に禁止行為であることを周知できます。

3・問題を解決することによるメリット

パワーハラスメントの定義を周知することで、何がパワーハラスメントに該当するかを従業員が理解することができます。今まで、職務に対する責任感が高いあまり厳しく部下に指導をしていた従業員も、パワーハラスメントを意識し指導してくれるようになります。このことで、未然にパワーハラスメントを防止できます。また、仮にパワーハラスメントが発生してしまった場合でも、相談窓口を設置していますので、早い段階で発生に気づくことができ、また、解決や再発防止対策もスムーズに進めることができますので、大きな労使トラブルへの発展を防止できます。

4・人事労務管理制度に反映させる上でのポイント

パワーハラスメントの加害者の多くは、職務の責任感が高く、その思いが高圧的な指導になってしまいがちです。業務上の指導は当然しなけ

ればならない時はあります。しかし、限度を超えた指導がパワーハラスメントなってしまいます。人によりどの程度が適切なのかの基準が違います。この基準を統一するために、現在の業務で起こっている問題点を従業員にヒアリングし、その上で具体的にこの行為はパワーハラスメントに該当しますと示す必要があります。また、実際にパワーハラスメントが発生した際には、双方の意見を聞き、具体的な解決方法を検討していきます。双方の意見を聞いている段階では、お互いが話している内容について、情報が漏れないように適切に管理する必要があります。いくら説明会を開催し、就業規則に禁止行為として定めても思わぬところでパワーハラスメントは起きてしまいます。発生を防止することが一番重要ですが、パワーハラスメントが発生した場合は、いかに迅速に対応できるかが大きな労使トラブルに発展させないポイントです。

Q7 勤務中の従業員と休憩中の従業員の会話を禁止することはできますか?

1・勘違いしているポイント

　介護施設等では、休憩をローテーションで与えることがほとんどです。休憩を中断して職務に戻ることも勤務の現場では多くあると思います。ローテーションで確実に休憩を取得させることは、休憩時間を適正に確保するために必要です。しかし、一斉に休憩を与えていないため、業務の引継ぎが上手くいかなかった場合に休憩を中断することとなってしまいます。また、勤務中の従業員と休憩中の従業員が同じ場所で混在する場合、勤務時間であるのか、休憩時間であるのかが不明確になります。このような場合に、勤務中の職員と休憩中の職員との会話を禁止すること自体が休憩時間の自由な利用を妨げるものではないと考える人事労務担当者が多く見受けられます。勤務中の職員が休憩中の職員と会話することを禁止することは、休憩を適正に与えるために行っている対応ですので問題ではありません。休憩を適正に取得できない環境であれば、労使のトラブルに発展する可能性があります。また、労使トラブルに発展しなくても、休憩が適正に取れる従業員と取れない従業員が出てきてしまうことが多くあり、従業員間での不公平が離職につながるケースがあります。

2・問題に対する解決策

　休憩時間と労働時間の違いを理解し、就業規則等に具体的に会話を禁止する定めをする必要があります。

①　休憩時間とは、労働の義務を免除される時間で、労働時間が6時

間を超える場合、少なくとも45分、8時間を超える場合、少なくとも60分与えなければなりません。休憩時間は労働の義務が免除されている時間なので、自由に利用させなければなりません。

　ただ、業務をしていないだけの手待ち時間は労働時間となり、休憩時間ではありません。

②　労働時間とは、使用者の指揮命令下におかれている時間

休憩に入る前に、どのように引継ぎをするのかを現状の引継ぎの問題点を確認した上で改めて運用方法を決めて下さい。その次に、勤務中の従業員が休憩中の従業員に話しかけることの禁止、休憩中の従業員が勤務中の従業員に話しかけることを禁止する旨の定めを就業規則等に定めて、全従業員に係わる内容ですので、説明会や文章の配布で周知をして下さい。就業規則の記載例は次のとおりです。

◎就業時間中の職員は、休憩を取得している職員と原則会話をしてはならない。ただし、緊急の対応が必要な場合はこの限りではない。

◎休憩中の職員は、勤務中の職員の業務の妨げになるので原則会話をしてはならない。ただし、緊急の対応が必要な場合はこの限りではない。

3・問題を解決することによるメリット

　就業中の職員と、休憩中の職員が明確に区分され、全従業員が適正に休憩を取ることができる環境が整うので、従業員間で、違いがなくなり労使トラブルへの発展や休憩が取れないことに対しての不満が原因での離職がなくなります。

4・人事労務管理制度に反映させる上でのポイント

　なぜ、会話まで禁止されるのかと疑問を感じる職員が必ずいます。会話を禁止する目的を適切に説明することがとくに重要です。また、緊急時の場合は当然に、例外がある旨を伝えて下さい。

Q 8 インフルエンザに罹患した従業員を出勤停止とした場合、医院は休業手当を支払う必要がありますか?

1・勘違いしているポイント

　医療や介護の業界では、感染症に関する対策を明確にしているクリニックや介護施設も多くあります。当然、感染症に罹患している訳ですから、勤務をさせてはいけない状況であることは変わりありません。問題は、この状況で勤務を休ませることが、従業員都合であるのか、会社都合であるのかという点です。クリニックから、依頼して休んでもらっているのだから休業手当の支払いが必要だと考えている人事労務者が多く見受けられます。しかし、自身がインフルエンザに感染した場合、一般的には使用者の責めに帰すべき事由による休業に該当しないとされています。そのため、休業手当を支払う必要はありません。使用者の責めに帰すべき事由として休業とし、休業手当を支払う処理をしてしまうと、その都度病名を確認し、休業手当を頻繁に支払うことになります。勤務している従業員は、インフルエンザに罹患して休んでいる従業員の分まで業務をこなし負担が多くなる一方で、休んでいる従業員は、インフルエンザに罹患して勤務を一切していないものの、休業手当を受け取ることとなると公平性を欠き、従業員の不満が発生し離職等へつながる可能性が十分にあります。

2・問題に対する解決策

　感染症に罹患した場合の使用者の責めに帰すべき事由による休業か否かについて、また、感染症に罹患した可能性がある場合の取扱いについても理解する必要があります。その上で感染症に罹患した際の取扱いを

就業規則等に定めをする必要があります。

　まず、使用者の責めに帰すべき事由による休業か否かについて次の通りです。

休業させる状況	休業手当の支払い義務
インフルエンザ等の感染症に罹患した場合	なし
インフルエンザ等の感染症を疑われる症状がある場合	あり ※ただし、都道府県や各業種向けに出ている感染症対策のガイドライン等に休業させる旨の記載があれば支払い義務がない場合もあります。
家族がインフルエンザ等の感染症に罹患した場合	あり ※ただし、都道府県や各業種向けに出ている感染症対策のガイドライン等に休業させる旨の記載があれば支払い義務がない場合もあります。

　次に、就業規則に定めるべき内容は次の点です。

① 　就業を禁止する内容（他人に感染させてしまう可能性がある疾病など）

② 　就業を制限する期間（医師の意見に基づき判断するなど）

③ 　本人以外が罹患した場合、就業を禁止するか否か

④ 　就業禁止期間の無給である旨の記載

　上記内容を就業規則等に記載した上で、休業手当の支払いをしない場合、またはする場合の説明を事前にして下さい。

3・問題を解決することによるメリット

　休業手当の支払いに関して、事前に従業員に就業規則等の内容を理解してもらうことで、実際にインフルエンザ等に罹患した際の手続きがスムーズになり、説明不足による労使トラブルを防ぐことが可能です。また、就業禁止項目を明確にすることで他の従業員への感染を防ぐことができます。

4・人事労務管理制度に反映させる上でのポイント

　実際に体調不良となった場合の、出勤時の連絡方法を明確にすることで、よりスムーズに運用ができるようになります。体調不良が原因で欠勤するわけですから、極力手続きは簡素な形にすることをお勧めします。また、従業員が体調を回復し出勤する際に、欠勤したことによる負い目を感じさせない職場環境を整えることが重要です。環境を整えることで体調不良で無理に勤務する職員を減らすことができます。

育児のための短時間勤務を利用しようとしている従業員がいます。短時間勤務は対応できるのですが、医院で定めている休憩時間を就業時間にしてほしいと依頼がありました。対応しないといけませんか?

 ··

1・勘違いしているポイント

医療や介護の職場では、女性従業員が多く活躍されていると思います。育児休業後に復帰し、時間外労働や深夜労働の制限の制度を利用して勤務される方も多いです。その中で、とくに多くの従業員が活用されているのが、育児短時間勤務制度です。育児に関することですので対応しなければならないと考えている人事労務担当者が多く見受けられます。育児短時間勤務制度は1日の勤務時間を6時間まで短縮できる制度ですが、休憩に関して具体的な処理が示されている制度ではありません。個別の従業員の希望を聞くことで、従業員間の公平な労働条件でなくなるので、不満が出てきます。不満が大きくなると資格等を保有している従業員は転職もしやすいので、離職をする可能性があります。

2・問題に対する解決策

育児をしている従業員の支援をする環境を整えることが重要です。しかし、一方で個別の従業員の希望をすべて聞き入れていると、さまざまなところで不公平な労働条件で勤務する従業員が出てきてしまいます。また、休憩時間をなくした場合、労働基準法に定められている休憩時間の確保ができない可能性が出てきてしまいます。不公平をなくすため、また適正に労働基準法を遵守するためにも、就業規則や育児・介護休業規程等に具体的な定めをする必要があります。規定に定めるポイントは次の通りです。

(1)　労働基準法では6時間の勤務を超える場合少なくとも45分休憩を与えなければならないことになっています。6時間を超える勤務が発生する可能性があるかを確認し、6時間を超えることがないのであれば休憩時間をなしとする勤務の検討をして下さい。

(2)　休憩時間をなくす対象者の範囲を具体的に設定する必要があります。当然6時間を超えて勤務する従業員には休憩時間を与える必要があります。6時間を超えない勤務形態で仮に、休憩時間がない働き方を選択できる体制にするのであれば、元々勤務時間が短いパートタイマーやアルバイトの方の取扱いについても検討が必要です。

(3)　休憩時間を与える勤務形態と与えない勤務形態が混在する場合は勤怠管理方法についても具体的な定めをしておく必要があります。

　上記の内容を現在の業務の把握と従業員からの意見を聞いた上で、定める必要があります。

　就業規則や育児・介護休業規程等に定めをした際には、全従業員を対象に説明会の開催や文書での周知をして下さい。

3・問題を解決することによるメリット

　休憩時間についての定めをすることで、個別の従業員を優遇しているといった不満がなくなります。また、休憩時間をなくす勤務を認めるのであれば、多様な勤務が可能となり、離職者の減少だけでなく、求職者応募数の増加も見込めます。また、育児について前向きに取り組んでいる組織としてさまざまなところでピーアールして頂ける要素の一つとなります。

4・人事労務管理制度に反映させる上でのポイント

　休憩時間の問題に限らず、育児中の従業員の対応について、理解をして頂けない従業員がいることを前提に説明をする必要があります。育児

をしている従業員が、保育園の子供を迎えに行くために短時間勤務をしていることは多くの方が理解されていますが、一方で短時間勤務制度を利用する従業員が終業した後に引き継いで仕事をしなければならない従業員がいます。時短勤務する従業員を補うための人員を配置しているのであれば問題ありませんが、多くの場合は人員配置を変えることなく対応しています。いかに、育児短時間勤務制度を利用する対象者以外の従業員に理解を得ることができるかが大きなポイントとなります。

第8章　飲食業に多い質問について

飲食業では、さまざまな雇用形態や勤務時間のシフトで労働する従業員がいるため質問についても多岐にわたります。

その中で飲食業の人事労務担当者によく見受けられる勘違いについては下記の3点があげられます。

1　賃金の支払方法

2　懲戒処分に関する勘違い

3　雇用契約の変更に関する勘違い

ここでは上記1、2について解説します。

1　賃金の支払方法

(1)　賃金の支払方法に関する勘違い

飲食業では、勤務するにあたり従業員が自費でユニホームを購入したり、まかない等食事代の一部を従業員から徴収することがよくあります。負担させることは契約時に明確にしていれば問題ありませんが、賃金から費用を徴収する場合には労働者の過半数で組織する労働組合があるときはその労働組合、労働者の過半数で組織する労働組合がないときは労働者の過半数を代表する者と賃金控除に関する協定を結ばなければなりませんが、協定を結ぶことなくさまざまな費用を賃金から控除しているケースが多く見受けられます。協定を結ばずに賃金から一方的に費用を控除することで労使のトラブルになることがあります。

(2)　問題に対する解決策

賃金支払いの問題解決には、まず賃金支払いの5原則について理解が必要です。

賃金支払いの5原則とは次の通りです。

① 通貨で支払う。

② 直接労働者に支払う。

③ 全額支払う。

④ 毎月1回以上支払う。

⑤ 一定期日に支払う。

■上記賃金支払いの5原則の例外3点

① 法令・労働協約に定めがある場合通貨以外の支給が認められます。

② 法令で定められた税金や社会保険料、労使協定により定めをした場合には、賃金からの控除が認められます。

③ 臨時に支給する賃金、賞与、査定期間が1カ月を超える精勤手当・能率手当の支払いは毎月1回以上、一定期日支払いでなくてもよいとされています。

上記のとおり、賃金は全額を従業員に支払うことが原則です。この原則の例外として労使協定を労働者の過半数で組織する労働組合があるときはその労働組合、労働者の過半数で組織する労働組合がないときは労働者の過半数を代表する者と締結し運用をしなければなりません。

(3) 問題を解決するメリット

労使協定を締結し、適正に賃金より費用等を控除することにより、「賃金が全額支払われていない」「会社から勝手に費用が徴収されている」などの従業員からの相談に対しても対処が可能です。また、備品の破損等に対して費用を徴収する場合は、金額も大きくなり労使トラブルに発展してしまうこともありますが、この点についてもトラブルの防止につながります。

(4) 人事労務管理制度に反映させるためのポイント

飲食業で多く勤務している学生のアルバイトは、労働の経験も少なく賃金から費用を徴収することについて、疑問を持つ方が多くいます。そ

のような方に対しても、締結した労使協定を見せ内容を説明することが重要です。

2 懲戒処分に関する勘違い

(1) 懲戒処分に関する勘違い

　飲食業では、パートやアルバイトなどの非正規従業員が多く雇用されているため、採用時の手順も簡素化されています。そのためさまざまな問題を起こす従業員も多くいるのが現状です。重大な問題を起こした際に懲戒処分がされることもあります。しかし、懲戒処分とするには、就業規則等にどのようなことをしたら懲戒になるかを明確に記載していなければなりません。この記載のないまま懲戒処分をしているケースが多く見受けられます。懲戒処分の基準が明確になっていない場合、不当な処分となり大きな労使トラブルにつながります。

(2) 問題に対する解決策

　どのようなことをした場合に、懲戒処分となるかを就業規則等に明確に記載し、その内容を従業員に周知することが必要です。周知の具体的な方法としては、就業規則等の配布や閲覧の時間を設けるなどの対応が必要です。

(3) 懲戒処分に関する問題を解決した場合のメリット

　懲戒処分をした際に、就業規則等を見せることにより正当な処分であることを伝えることで、その後の労使トラブルへの発展を防止できます。

(4) 人事労務管理に反映させるためのポイント

　飲食業ではさまざまな問題が起こります。懲戒処分は就業規則等に記載のある内容に対してしか処分をすることができません。できる限り多くの項目を懲戒に該当するように定め、問題行動をした従業員に処罰を与えることができる状況を整えて下さい。懲戒の内容を細かく決めるこ

とは、多くの頑張ってくれている従業員を守るためでもありますので躊躇わずに取り組んで下さい。

ランチタイムの勤務が終了し、夕方の営業までの時間を休憩時間として取り扱ってよいですか?

1・勘違いしているポイント

　労働基準法では、休憩時間が短いことに対しては制限がありますが、長くなることに対しての制限はありません。質問のようにランチ営業後に夕方のディナー営業までの間、休憩として取り扱うことは問題ありません。

　しかし、休憩時間が長くなってしまうと拘束時間も長くなってしまうので、休憩時間があまり長いことは好ましくはありません。まずは労働時間、休憩時間の基本を理解して下さい。

労働時間	必要な休憩時間
6時間を超える場合	最低でも45分
8時間を超える場合	最低でも60分

　ただし、休憩時間としている時間に、予約の電話に出なければならない状態にある場合や仕込作業をしなければならない場合は、休憩時間ではなく労働時間として取り扱われます。休憩時間が適正に管理できていないと、未払賃金として後から労働時間として再計算し、未払賃金分の清算が必要となる場合があるので注意が必要です。

2・問題に対する解決策

　労働時間・休憩時間の取扱いについて、就業規則に定め、その内容を従業員に周知し、適切な運用をしていくことが大切です。

　就業規則に定める内容のポイントは、次の4点です。

① 週や日の所定労働時間を定める。

② 始業時間、終業時間、休憩時間を記載する。

③ 休憩時間の自由利用について記載し、ただし自由利用といえども、勤務している従業員の業務を妨げたり、休憩中の従業員の自由利用の妨げをしないことを記載する。

④ 休憩時間が長く、店舗からの外出を許可する場合は、その旨を記載する。ただし、外出する場合、予定外出時間の報告を義務付ける。

また、休憩時間が長くなる場合、休憩施設を整備することが必要となる場合があります。長時間の休憩をするのに、狭い、汚い、うるさいなど劣悪な環境ですと休憩ができず、夕方からの勤務に影響が出ますので、検討が必要です。

3・問題を解決することによるメリット

休憩時間に関する取扱いを定め、周知し、運用をすることで、従業員の不満が生まれることなく、従業員の業務のパフォーマンス向上に繋げられます。また、労働時間と休憩時間を明確にすることにより、未払賃金の発生のリスクを避けることができ、安定した事業運営を行うことができます。

4・人事労務管理制度に反映させる上でのポイント

現状把握をし、実態に合わせて運用していくことが大切です。どうしても休憩時間の中で仕込みが必要となる場合などは、変形労働時間制や交替勤務制など、自社に合った制度を検討し、運用していくことが必要です。

まかないをアルバイトに提供していますが、代金を給与から控除してよいですか?

1・勘違いしているポイント

　法律で給与から控除することができる項目について定められており、それ以外のものを控除することはできません。ただし、正しい手順を踏むことにより、まかないの代金を給与から控除することは可能です。

　法律で定められている給与から控除することができる項目は次の表のとおりです。

健康保険・介護保険・厚生年金保険の保険料	健康保険・介護保険・厚生年金保険に加入している従業員の従業員負担分の保険料です。
雇用保険料	雇用保険に加入している従業員の従業員負担分の保険料です。
所得税	従業員の所得に課せられる税金です。
住民税	従業員に課せられる市区町村に支払う税金です。

　上記の項目については、手続きしないで給与から控除することが可能です。それ以外のものを控除する場合、労使協定を締結する必要があります。労使協定を締結することで、労使協定に記載されている項目については給与から控除することが可能になります。また、労使協定を締結して控除をしないと、賃金が全額支払われていないと従業員から指摘を受けてしまう可能性もあります。

2・問題に対する解決策

　まずは、労使協定を労働者の過半数で組織する労働組合があるときはその労働組合、労働者の過半数で組織する労働組合がないときは労働者

の過半数を代表する者と締結することです。

■労使協定例

賃金控除に関する協定書

　甲（使用者：株式会社○○）と乙（労働者代表：▲▲）は、労働基準法第24条第1項ただし書きに基づき、賃金控除に関し下記のとおり協定する。

記

1　甲は、毎月△日、賃金支払の際、次に掲げるものを控除して支払うことができる。
　①　まかない費
2　この協定は、令和■年■月■日から有効とする。
3　この協定は、いずれかの当事者が14日前に文書による破棄の通告をしない限り効力を有するものとする。

令和◆年◆月◆日

　　　　　　　　　　　　　　甲：
　　　　　　　　　　　　　　（使用者職氏名）株式会社○○
　　　　　　　　　　　　　　　代表取締役　　●●　　　　　印
　　　　　　　　　　　　　　乙：
　　　　　　　　　　　　　　（労働者代表）　▲▲　　　　　印

　このように、何の項目をいつ支払う給与から控除をするかを明確にす

ることで、法律で定められているもの以外の項目を控除することができます。

3・問題を解決することによるメリット

　正しい手順で給与から控除することにより「賃金支払いの5原則」のうち「全額払いの原則」に違反することがなくなり、給与の支払いについてのトラブルをなくすことができます。

4・人事労務管理制度に反映させる上でのポイント

　正しい手順を踏んだからといって、従業員がそのことを正しく理解していなければトラブルの元になってしまいます。従業員には給与から控除ができる項目について説明をし、理解をしてもらうことが大切です。飲食店では高校生や大学生など社会経験の少ない従業員もいます。社会経験の少ない従業員には特に丁寧な説明が必要です。

Q③ 勤務店舗が日々異なる働かせ方は問題ありますか?

A ··

1・勘違いしているポイント

就業場所が日々異なることには問題ありません。ただし、通勤可能圏内であることが必要です。もし、自宅から通勤することが不可能な店舗での勤務であれば、出張として取り扱うことになり、就業規則の出張の規定で対応する必要があります。また、通勤時間に法的な上限はありませんが、睡眠時間が確保できなくなってしまうなど、従業員の健康面での負担を考えれば片道2時間程度が限度ではないかと考えられます。

就業場所が日ごとに異なる、1日の勤務中に店舗間の移動がある場合とでは取扱いが異なります。

労働時間となる定義は「労働者が使用者の指揮命令下におかれた時間」です。就業時間中の店舗間の移動においては、ただ、実態として「ヘルプ」は店舗と会社の都合で移動が必要となっているので、「使用者の指揮命令下」におかれていると判断できるため、1日の勤務中に店舗の移動がある場合、移動時間も労働時間としてカウントします。

2・問題に対する解決策

まずは勤務地ごとの就業時間を明確にします。店舗ごとで営業時間が違うケースも多々あるかと思います。そこで、各店舗でどのような就業時間となるのか、就業規則で明確に定めて下さい。

■規定例

店　舗	就業時間および休憩時間
A店舗	就業時間　10：00～21：00 休憩時間　15：00～17：00
B店舗	就業時間　9：30～21：00 休憩時間　14：30～17：00
C店舗	就業時間　11：00～22：00 休憩時間　14：30～16：30
D店舗	就業時間　10：00～22：00 休憩時間　14：00～17：00

　このように、どの店舗がどのような勤務体系になっているか明確にすることが必要です。次に勤務地が日々変わることがあることも就業規則に定めます。就業規則に定めるポイントは次のとおりです。

■日による勤務地の変更規定

①　会社の命令により、日ごとに勤務店舗が変更となる場合があることを定める。また、その命令は拒否できないことを記載する。

②　あまりに遠方の店舗を勤務地とすることは現実的ではないので、勤務店舗の制限をする（たとえば、通勤時間が1時間以内の店舗に限るなど）。

　規定に明確にすることにより、従業員も日々の勤務地の変更がある可能性があることが理解できます。また、就業時間中に勤務地が変更となる場合があれば、内容についても定めて下さい。

■就業時間中の勤務地の変更規定

①　会社の命令により、就業時間中に勤務店舗を移動する場合があることを定める。また、その命令は拒否できないことを記載する。

②　あまりに遠方の店舗を勤務地とすることは現実的ではないので、移動先の勤務店舗の制限をする（たとえば、移動時間が30分以内の店舗に限るなど）。

③　就業時間中の勤務店舗の移動については労働時間とする旨を記載する。

　上記のポイントを規定に定め、従業員に周知徹底することで、ルールとして運用することができます。

3・問題を解決することによるメリット

　規定に定めることにより、どの部分が労働時間または休憩時間かが明確になり、未払賃金の発生のリスクを減らすことができます。

4・人事労務管理制度に反映させる上でのポイント

　店舗ごとの従業員の配置状況により、随時取扱いが変更できるよう、柔軟に対応できる従業員移動の環境作りをすることが大切です。

週末だけ従業員がシフトより1時間以上前に出勤し、勤務し始めます。給与は支払わないといけませんか?

1・勘違いしているポイント

　定められたシフトに従わず、1時間以上前から勤務を始めているのだから、賃金の支払いは必要ないと思われている人事労務担当者も多いです。しかし、労働をしているかぎり給与の支払いは必要です。シフトと異なる時間に勤務を始め、どのような業務をしていたか、判断する必要があります。また、始業時間、終業時間の変更について、どのような社内ルールになっているかを確認する必要があります。勤務時間の変更で対応が可能かを就業規則の定めを確認して下さい。その上で、給与の支払いが必要な労働時間であれば給与を支払って下さい。定めを確認しないで対応をすると、未払賃金が発生してしまう可能性があるので注意が必要です。

2・問題に対する解決策

　まずは、始業前の業務が本当に必要かどうかを従業員にヒアリングして下さい。仕込みが多い場合や宴会準備のためなど、さまざまな理由が考えられます。理由を確認した上で、始業前に勤務しなくても対応できる方法を考えます。たとえば、前日に一部の業務を行うことで対応できるかもしれませんし、アルバイトを多くシフトに入れることで対応できることかもしれません。対応方法を検討して、それでもシフトどおりの勤務が難しい状況であれば、就業時間の制度について検討します。考えられる制度として2つが上げられます。

(1)　変形労働時間制の導入

　変形労働時間制とは1週間、1カ月、1年などの単位で、労働時間を1日あたりに平均して考える制度です。特に閑散繁忙がはっきりとしている業種で導入されている制度です。1カ月の中で閑散繁忙がはっきりしているケースでは「1カ月単位の変形労働時間制」を検討して下さい。1年の中で閑散繁忙がはっきりしているケースでは「1年単位の変形労働時間制」の導入を検討して下さい。

　また、通常は週40時間が法定労働時間となるのですが、飲食業で店舗ごとの従業員数（正社員や継続的に勤務しているパート、アルバイトを含む。）が10人未満であれば法定労働時間が44時間となる特例措置を受けることができます。変形労働時間制の中でその特例を受けられるのが「1カ月単位の変形労働時間制」のみです。10人未満の事業所で「1カ月単位の変形労働時間制」を導入した場合の勤務体系例を下記に記載します。また、飲食業では週休2日制が難しいケースもありますので、週休1日の例も上げてみます。

■例

曜　日	月	火	水	木	金	土	日	合　計
労働時間	6.5時間	6.5時間	休み	6.5時間	9時間	9時間	6.5時間	44時間

(2)　固定残業手当制度の導入

　変形労働時間制の導入等で対応しようとしても、週40時間（特例事業所の場合は44時間）を超えて勤務が必要となる場合は、毎週何時間の法定外勤務が発生するかを確認し、そこから1カ月分の法定外勤務時間を算出し、あらかじめその時間数分を固定残業代として給与を支払う方法です。

■例　10人未満の店舗（44時間特例）の場合

曜　日	月	火	水	木	金	土	日	合　計
労働時間	7時間	7時間	休み	7時間	9時間	9時間	7時間	46時間

残業代の基礎となる単価が1,500円の従業員の場合

1,500円 × 1.25 × （46時間 − 44時間） × 4.34週（月平均の週数） ＝ 16,275円

固定残業代として16,275円以上の支払いをし、固定残業代が何時間分の残業代であるのか雇用契約書等で従業員本人に明確に伝えて下さい。

3・問題を解決することによるメリット

労働時間に対して適正に給与を支給することができ、未払賃金のリスクをなくすことができ、不要な労使トラブルを避けることができます。

4・人事労務管理制度に反映させる上でのポイント

飲食業では、店舗ごとの特性がある場合が多いです。会社全体でルールを統一してしまうのではなく、店舗の特性にあった制度を導入することが運用上のポイントです。

Q5 特定の従業員がレジ締めをすると、金額が一致しないことが数回続きました。解雇しても問題ありませんか?

1・勘違いしているポイント

本当にその従業員がレジのお金を横領しているかどうか確定できない推測の段階で、解雇とすることは問題があります。解雇するためには手順があり、憶測のみで解雇できるものではありません。今回の場合、懲戒の対象となる可能性が高いので懲戒解雇の手順を説明します。

① 問題行為を確認、調査する。

② ①の問題行為が確定したら懲戒解雇の事由に該当するか就業規則を確認し、検討する。

③ 該当する従業員に弁明の機会を与える。

④ 役員会、取締役会を開催し、懲戒処分を決定する。

⑤ 懲戒解雇通知書を作成し、従業員に通知する。

⑥ 離職票発行など通常の手続きを行う。

⑦ 他の従業員に懲戒解雇について説明を行い、再発防止に努める。

①から⑦の手順を踏み、懲戒解雇をすることができます。①の段階でまだ問題行為が確定していない状況ですので②に進むことはできません。確実な証拠もなく懲戒解雇をしてしまうと労使トラブルに発展する可能性が非常に高くなります。

2・問題に対する解決策

まずは、原因を特定するための所持品検査の定めが就業規則に記載されているか確認して下さい。就業規則に定めることにより合理的な理由があり、所持品検査を行うことができます。就業規則に定める場合のポ

イントは次の３点です。

① 従業員の所持品を検査することがあるという旨を記載する。また、それを拒むことができないとする。

② 所持品検査をする理由を記載する（たとえば、秘密情報、顧客情報、個人情報など情報漏えいを防止するため、社内への危険物の持込みを防止するため、社内での不正行為を確認するためなど）。

③ 所持品検査をする場合、特定の従業員に限って行うわけではなく、全従業員に画一的に行うことを記載する。

　規定を設けることで、レジの金額が一致しなかった日など所持品の検査をすることができ、問題行為の確定に繋げることができます。

　また、金銭がある場所などには防犯カメラを設置し、問題行為の特定をする方法もあります。ただし、防犯カメラを設置する場合、いくら就業中のことだとしてもプライバシー保護の観点から、従業員に秘密で行うのではなく、従業員に事情を説明し、設置しなければなりません。

　このような対策を講じた結果、問題行為が確定したのであれば、就業規則に基づき懲戒解雇の手順を踏んで懲戒解雇として下さい。また、当然、横領した金銭は返金してもらう必要があるので、該当従業員と返済について話し合うことが必要です。

3・問題を解決することによるメリット

　上記のような対応をすることで、憶測での懲戒処分がなくなり、訴訟等の労使トラブルのリスクを軽減することができます。また、他の従業員の不信感もなくなり、安心して働くことのできる職場環境となります。

4・人事労務管理制度に反映させる上でのポイント

　従業員を疑うことに抵抗を感じる方も多いと思いますが、何も対応をしないと問題のない従業員が疑いを向けられ、被害を受けてしまう可能

性もあります。会社としても、徹底して金銭を横領できないようにする
しくみ作りをすることが大切です。

仕込みの作業を業務委託し、自社の社員で対応しない環境にしたいです。よい方法はありませんか？

1・勘違いしているポイント

　業務委託と雇用契約では、とても大きな違いがあります。まずは、業務委託と雇用契約の違いを理解することが必要です。業務委託として契約したつもりでいても、実態が雇用契約と認められてしまうと、当然、労働者となるので、労働基準法などの法律が適用されます。労働者となると、労働した時間に対して賃金の支払いが必要となり、支払った報酬が労働した時間に見合っていない場合、未払い賃金が発生する可能性が高いです。

2・問題に対する解決策

　まずは、業務委託契約と雇用契約の違いを理解して下さい。

①　仕事の依頼、業務遂行にあたり、その指示等が拒否できるかどうか

　　拒否できない場合は雇用契約となる可能性が高いです。

②　業務遂行にあたり、内容や遂行に指揮命令、監督の程度が強いかどうか

　　指揮命令に従って業務を行う場合、雇用契約となる可能性が高いです。

③　勤務場所や勤務時間が拘束されているかどうか

　　拘束される場合は雇用契約となる可能性が高いです。

④　業務遂行の提供に代替性があるかどうか

　　代替性がある場合は、雇用契約となる可能性が高いです。

⑤　報酬を支払う基準に労務対償性（時間に対して報酬を支払うような場合）があるかどうか

　　労務対償性がある場合は、雇用契約となる可能性が高いです。

⑥　欠勤した場合、報酬に減額があるかどうか

　　報酬に減額がある場合は、雇用契約となる可能性が高いです。

⑦　機械、器具が会社負担で用意されているかどうか

　　会社負担で用意されている場合、雇用契約となる可能性が高いです。

⑧　報酬の額が一般にそこで働く従業員と同等かどうか

　　同等の場合、雇用契約となる可能性が高いです。

⑨　就業規則、服務規程、退職金制度、福利厚生制度など、そこで働く従業員と同様に適用されるかどうか

　　適用される場合、雇用契約となる可能性が高いです。

このように、業務委託と雇用契約には明確な線引きがあります。実際はどのように業務を行ってもらうのか、実態に合わせて対応しなければなりません。

業務委託契約と雇用契約の違いを理解した上で、次に現在いる従業員で仕込みの作業ができないかを検討します。検討した結果、業務委託が必要と判断するのであれば、上記の①から⑨の内容に照らし合わせ、雇用契約として判断されてしまうリスクがないかを確認します。リスクがないと判断できる場合は業務委託契約を締結し、その内容に基づき業務を委託して下さい。

ただし、少しでも業務委託として認められないリスクがある場合は、雇用契約を締結し、自社の従業員として業務を行わせることをお勧めします。

3・問題を解決することによるメリット

　業務委託か雇用契約かを明確にすることにより、未払賃金の発生や、過去に遡って未払賃金の支払いが必要となるリスクを減らすことができます。また、労働基準監督署の調査で指摘を受けるリスクもなくすことができます。

4・人事労務管理制度に反映させる上でのポイント

　仕込業務などを細分化し、本当に業務委託できるかどうかを検討して下さい。また、仕込作業を事業所内で行うのではなく、外部の食品工場などで仕込みをされたものを仕入れることにより対応する方法もあります。スープやソースなども、レシピに基づき外部の食品工場が作成し、納品してくれるケースもあります。どの方法が自社に合っているかを検討する必要があります。

皿等の備品を破損した従業員に弁償してもらうことは問題ありませんか?

1・勘違いしているポイント

　明確に社内のルールとして弁償について定められているのであれば、そのルールに則って弁償してもらうことは可能です。しかし、定めがなければ従業員が皿等の備品を破損したとしても弁償してもらうことはできません。ただし、わざと皿を割った場合やふざけて皿を割ってしまった場合など、本人に過失がある場合は例外です。

　よくある例では、「皿やグラスを割ってしまった場合、皿1枚500円、グラス1つ300円の罰金を払ってもらいます。」などとルールを定めている会社がありますが、これはNGです。労働基準法第16条に「賠償予定の禁止」という条文があり、あらかじめ賠償額（この場合は罰金額）を決めておくことが禁止されています。「皿1枚500円、グラス1つ300円の罰金」のように、あらかじめ金額を決めておくことはできません。ただし、あらかじめ金額を定めておらず、その都度、実際に発生した損害額に応じて賠償を請求することは禁止されていません。しかし、「皿を割ってしまった」程度の人的ミスであれば、すべて従業員に責任があるわけでありません。会社にはミスが起こらないように人員配置に配慮することや、労働環境をよくする設備を導入すること、マニュアルの徹底をすること、研修の実施などの対策を講じる責任があります。よって、人的ミスで皿を1枚割ってしまった程度で損害を請求することは現実的ではありません。ただし、これも会社の経営に大きく影響が出てしまうような枚数を割ってしまった場合などは、従業員への損害賠償の請求の対象となることも考えられます。

　また、雇用契約書等で、賠償額は定めていないが「備品の破損の一部を従業員は弁償します。」などの記載をした場合、備品の破損の内容に応じて、損害額の一部を従業員に請求することができます。ただし、その賠償額を給与から天引きすることはできません。労働基準法第24条の賃金支払い5原則の全額払いの原則に違反してしまいます。そのため、給与を支払った後、賠償額を徴収して下さい。

　従業員、特にアルバイトは少しの備品であれば賠償の必要などないと考えていることが一般的です。そこで、少額でも賠償をさせられることで会社への不信感へと繋がり、思いがけない労使トラブルへ発展してしまうケースもあるので、賠償に関しては慎重に行う必要があります。

2・問題に対する解決策

　まずは入社時に交わす雇用契約書に「皿やグラスなどの備品を故意または過失により破損させた場合は、備品額の一部を従業員は弁償します。弁償額は、その都度内容に応じて会社が決定します。」などの記載をし、入社時に説明することが必要です。また、就業規則の整備も必要です。

　就業規則に定めるポイントは次の3点です。

① 　従業員が故意または過失により会社に損害を与えた場合、その損害の全部または一部を従業員本人または身元保証人と連帯して賠償してもらうことを記載する。

② 　従業員が退職後でも、在職中の行為により会社に与えた損害がある場合、従業員本人または身元保証人と連帯して損害を賠償してもらうことを記載する。

③ 　損害を賠償したことによって懲戒処分は免れないことを記載する。

　就業規則にも損害賠償について記載をすることで、より明確なルールとなり、従業員の理解にも繋がります。

3・問題を解決することによるメリット

　入社前に損害が出たときの対応について説明をしていることで、備品の破損が起こる前に従業員は弁償について理解し、もし備品の損害等が起こったとしても、適正に弁償の支払いをしてくれる可能性が高くなり、労使トラブルを避けることができます。

4・人事労務管理制度に反映させる上でのポイント

　実務対応としては、故意に皿を割ることはほとんどなく、不注意によるものが圧倒的に多いと思います。こうしたことを前提に、抑止力としてもしっかりとした制度設計をすることが必要となります。

一部店舗を閉店するのでアルバイトに別の店舗への異動を依頼したら拒否されました。会社が解雇したことになりますか?

1・勘違いしているポイント

　会社として他の店舗での勤務を依頼し雇用継続の意思を示しているのであれば、解雇という扱いにはなりません。ただし、別の店舗がなく、店舗閉鎖による退職の場合は「事業所の廃止」となり、「倒産」と同じ扱いとなるので会社都合での退職という扱いになります。

　フランチャイズ契約などで数店舗経営している会社で、思ったように業績が上がらず、店舗を閉鎖するということはよくあることだと思います。そのような場合、問題となってくるのがそこで働く従業員をどのようにするかです。本Questionのように違う店舗で受入れが可能ということであれば、そこで勤務してもらえるように打診することになるかと思います。そのまま新たな勤務地で勤務が可能であれば、配置転換という形で店舗異動してもらいます。違う店舗での勤務を用意したにも関わらず、店舗の異動を拒否した場合は、「自己都合」という取扱いでの退職となります。ただし、その取扱いでも一点注意が必要です。異動する店舗として用意した勤務地があまりに遠く、転居が必要となる場合や片道2時間以上の通勤時間が必要となる場合は、退職理由は会社都合にはなりませんが「正当な理由のある自己都合」という理由で離職票の作成が必要となります。

　もし、配置転換拒否で退職する場合、具体的な退職理由の説明ができていないと不当解雇として訴訟にまで発展してしまうケースもあるので注意が必要です。

2・問題に対する解決策

　まずは雇用契約書を取り交わす段階で、勤務地を限定するのか、状況に応じて勤務地が変更となるケースがあるのかを明確に記載します。ここで、勤務地を限定する雇用契約書を取り交わすのであれば、勤務地の店舗が閉鎖になっても店舗異動ということはなく退職という扱いになります。なお、状況に応じて勤務地の変更があるという雇用契約書を取り交わしたのであれば、勤務地の店舗が閉鎖となった場合、会社が別の店舗を勤務地として準備し異動してもらうことになります。入社の段階で、別の店舗へ配置転換の可能性があるのかないのかをはっきりさせ、理解をしてもらう必要があります。

　また、就業規則に配置転換について明確にルール化し、記載をしておくことも必要となります。就業規則に定めるポイントは次のとおりです。

① 　会社の状況、業務上の都合、労務提供状況の変化などで、会社が配置転換を命ずることを定める。また、正当な理由なく拒むことができない旨を記載する。

② 　異動により、労働条件の変更が伴う場合があることを記載する。

③ 　従業員の子の養育または家族の介護を行うことが困難となる場合などは、状況に応じて会社は配慮することを定める。

　入社時の説明だけではなく、就業規則にも配置転換について明確にしておくことで、状況に応じて配置転換があることを従業員により理解してもらえます。

3・問題を解決することによるメリット

　このように配置転換について明確なルールを定めることで、不当解雇等の不要な労使トラブルのリスクを軽減することができます。

4・人事労務管理制度に反映させる上でのポイント

　まずは、勤務店舗の変更が必要になるとわかった段階で、早めに従業員に説明できるように準備することが必要です。そこで、勤務店舗の変更を拒否された場合、会社は理由を聞き、会社で対応できる方法がないかを検討し、従業員に寄り添って解決策を導き出して下さい。

Q9 葬儀等の理由で欠勤したアルバイトが、後日虚偽で
あったことがわかりました。懲戒処分とすることは
できますか?

1・勘違いしているポイント

　就業規則に職場の秩序を乱すような場合は、懲戒の処分を科す規定が
あれば懲戒処分を科すことは可能です。懲戒処分とは就業規則の内容に
基づいて行われるものとなるので、就業規則に正当な理由のない欠勤に
対して懲戒処分が科されることが明確になっていれば、今回のように虚
偽の理由での欠勤に対し懲戒処分とすることができます。ただし、懲戒
にも種類があり、いきなり懲戒解雇とすることはできません。懲戒には
次のような種類があります。

① け　ん　責：口頭での厳重注意を行い、会社が必要と認めた場合
　　　　　　　　には始末書を取り、将来を戒めます。
② 減　　　給：始末書を取り、1回の額が平均賃金の1日分の半額、
　　　　　　　　総額が一賃金支払期における賃金総額の10分の1
　　　　　　　　以内で賃金を減給とします。
③ 出 勤 停 止：始末書を取り、○日を限度として出勤の停止を命じ、
　　　　　　　　その期間の賃金は支払いません。
④ 降職・降格：始末書を取り、階級や地位を下げることと、そのと
　　　　　　　　きの職を解き人事異動をすることのどちらかまたは
　　　　　　　　両方を行います。
⑤ 停　　　職：始末書を取り、1年以内の出勤停止を命じ、その期
　　　　　　　　間中の賃金は支給しません。
⑥ 諭 旨 退 職：懲戒解雇事由に該当する場合で、本人に反省が認め
　　　　　　　　られるときは退職届を提出するように勧告します。

　　　　　　　　　　ただし、勧告をした日から○日以内に退職届の提出

　　　　　　　　　　がない場合は懲戒解雇とします。

　⑦　懲戒解雇：予告期間を設けることなく即時解雇をします。この

　　　　　　　　　　場合、労働基準監督署長の認定を受けた場合は、解

　　　　　　　　　　雇予告手当は支給しません。

　このように懲戒処分には種類があり、一番軽い処分のけん責から一番重い処分の懲戒解雇まであります。今回のようなケースで、一度虚偽の申請をしたぐらいではさほど重大な違反行為とはいえず、けん責や重くても減給が相当な処分かと考えられます。ただし、何度も繰り返すような場合などの悪質な場合は、出勤停止や降職・降格などの重たい処分を下すことが可能となることもあります。

　このように、就業規則で正当な理由のない欠勤について規定されていなければ、懲戒処分を科したこと自体が労使トラブルとなるので注意が必要です。

2・問題に対する解決策

　「1・勘違いしているポイント」で上げたとおり、就業規則に懲戒事由が記載されていることが大前提となりますので、まずは就業規則の懲戒事由を明記して下さい。懲戒処分となる具体的事由を記載することがポイントです（例「けん責・減給」：正当な理由なく欠勤、遅刻、早退をしたときなど）。

　このように正当な理由のない欠勤、遅刻、早退については、懲戒処分に該当することを就業規則で明確にします。規定を踏まえ、虚偽の申請で欠勤した場合は懲戒処分を行うことが可能になります。

3・問題を解決することによるメリット

　正当な理由のない欠勤、遅刻、早退については、懲戒処分に該当する

ことを就業規則で明確にし、従業員に理解をしてもらうことで、虚偽の申請で欠勤することなどを抑止することができます。また、正しい処分を行うことで、他の従業員からの不満が出ることがなくなります。

４・人事労務管理制度に反映させる上でのポイント

　このようなことが発生してしまうということは、「バレずにやり過ごせるだろう」と従業員が思ってしまう企業風土にも問題があります。会社がこのように正しく処分をし、健全な組織となることで、真面目に勤務をしている従業員が離職してしまうことのないように適正な処分に取り組むことが大切です。

不適切動画等の問題がよく報道されるので、身元保証人を取りたいです。どのような手続きが必要ですか?

1・勘違いしているポイント

　入社時に身元保証人から身元保証書を提出してもらったとしても、連帯保証人とは違うので、会社にとって大きなメリットはないと思われている人事労務担当者がよくいます。身元保証書が未提出の場合、経歴詐称等の問題が発生する可能性があります。経歴詐称等の問題を解決するために、懲戒処分をすることも多くあり、従業員との労使トラブルに発展する可能性が非常に高いです。

2・問題に対する解決策

　まず、身元保証人から身元保証書を提出させる2つの意味を理解する必要があります。

①　経歴や身分が正しいかを確認するため

　　履歴書や数回の面接でその人の素性やすべてがわかるわけではありません。内定を出したとしても、まだ会社がその人のすべてを信用するということは難しいことだと思います。そこで第三者に履歴書に記載されている経歴や身分が正しいと保証してもらうために提出をしてもらいます。

②　会社に損害を与えたとき、損害に対して責任を負ってもらうため

　　従業員が会社に損害を与えてしまうケースは、さまざまなことで考えられます。たとえば質問のように「不適切動画」をSNSなどにアップしてしまい、それが原因で会社が損害を被った場合など、原因となった従業員には損害賠償金を支払う損害賠償責任が発生し

ます。本来であれば、その従業員が損害賠償金の支払いをする必要があるのですが、経済的に支払うことが困難であったり、行方不明になり支払われない場合など、会社としてもそのまま泣き寝入りをするわけにはいきません。そこで、身元保証人に損害の責任を負ってもらいます。

なぜ身元保証人を取ることが必要かを考え、必要だと判断ができれば、適切な手順で身元保証人から身元保証書の提出を求める必要があります。ただ、身元保証書の提出を求めることで、従業員が会社に対して信用されていないのではないかと不信に思ってしまうというデメリットもありますので、慎重に行うことが必要です。

まずは、就業規則で身元保証人に身元保証書の提出も求めることを明確にし、規定を周知することが必要です。

身元保証書の提出を求める場合、下記内容を就業規則等に定めて下さい。

① 身元保証人の条件を定める（日本国内に居住している、経済的に独立している成年者など）。

② 身元保証人の人数を定める（通常は1名から2名）。

③ 身元保証人に身上の変更があった場合の会社への届出に関する事項を定める。

④ 身元保証人が死亡してしまった場合など、新たな身元保証人を立てることに関する事項を定める。

身元保証書に定めなければならないポイントは次の4点です。

① 雇用契約に違反し、故意もしくは過失によって金銭上や信用上の損害をもたらした場合身元保証人が損害額を賠償する旨の記載をする。

② 損害額の上限金額を定める。

2020年4月の民法改正で、賠償額については上限を定めなけれ

ば無効となります。その金額はあまりに高額過ぎると身元保証人が見つからないということにもなってしまうので、100万円から300万円で設定することが一般的です。

③　身元保証人としての契約期間を定める。

原則として期間を定めていない場合は3年間が効力のある期間となります。ただ、期間を定める場合でも5年が最長とされています。また、自動更新などの特約については身元保証人の不利益になるので無効となります。

④　従業員が業務上不誠実な事跡があって、身元保証人が責任を取らなければならないおそれがあることを会社が知った場合に、身元保証人に通知する旨の記載をする。

3・問題を解決することによるメリット

身元保証書を提出させることにより、履歴書に記載のある経歴や身分の詐称を未然に発見できる可能性が高まります。経歴詐称等の問題を未然に発見できることで、採用要件を満たしていない人材を誤って雇用してしまうことがなくなります。また、従業員が会社に損害を与えて、かつ本人に請求することができない場合、身元保証人に請求することができ、会社としての損害を軽減することができます。

4・人事労務管理制度に反映させる上でのポイント

身元保証書の提出がなぜ必要なのか、目的を明確にして運用することが大切です。多額の現金を取り扱う業務など特定の業務以外で身元保証書の提出を求めることは、従業員の不信感にも繋がりますので注意が必要です。

Q11 面接時に採用しなかった方の履歴書は、返却もしくは破棄しなければならないのですか?

1・勘違いしているポイント

　返却しなければならないという義務はありませんが、もし保管しておくとしても一定期間が過ぎれば破棄しなければなりません。

　まずは履歴書の所有権について理解する必要があります。一度、会社に提出した書類等については、所有権が本人から会社へ移ります。履歴書は会社に提出した時点で会社の所有物となります。会社の所有物となった以上、その所有物を本人に返却しなければならないという義務は発生しません。ただし、返却しないからといって、いつまでも会社で保管しておくこともできません。厚生労働省からの指針で、履歴書など個人情報が記載されている書面については、採用選考などの利用目的が完了し、必要でなくなった個人情報は破棄、または削除するとされています。ただし、保管期間や破棄や削除の方法はとくに定められていないため、会社が判断し、処理することとなります。通常であれば1～3カ月程度保管をし、破棄をすることが一般的です。

　また、破棄するまでの期間も個人情報が記載されている書類ですので、厳重な取扱いが必要となります。万が一その情報が流出してしまった場合、会社は大きな責任を負うこととなるデメリットがありますので、長期間所有していることは会社としてのリスクになります。

2・問題に対する解決策

　履歴書についての取扱いを会社のルールとして明確にします。

(1)　採用選考が完了したら返却をする

　不採用が決定した時点で、不採用通知書を同封し、郵送で返却する方法です。この方法ですと、採用選考の結果の通知と履歴書の返却を合わせて行うことができ、事務作業を軽減することができます。ただし、普通郵便などで郵送すると郵便物が紛失してしまうケースもありますので、書留等で郵送することをお勧めします。また、返却を希望する応募者がいる場合、返却をしないことで不要なトラブルに発展してしまうケースもあるので、トラブルを避けることもできます。デメリットとしては、不採用者が多数になる場合、郵送の手間と郵送費用も高額となるので注意が必要です。

⑵　一定期間所有し破棄をする

　履歴書の所有権は会社にあるため、履歴書を一定期間保管することは問題ありません。ただし、何年にも亘って保管するということになると問題となってしまうため、会社としての保管期間のルールを定める必要があります。たとえば、「履歴書を受け取った日から１カ月」、「内定者が決定するまで」など、保管期間を定めて、それに従って期限がきたらシュレッダーで裁断したり、溶解処理業者に依頼し溶解処理を行います。デメリットとして、破棄するまでの間、個人情報を保管していることとなるので、取り扱いには十分注意が必要です。万が一、情報が流出してしまうと会社として大きな損害を負うことになります。

　ただ、不採用者でも再度人員補充が必要となったときに連絡をしたいケースなどで、長期間に亘り履歴書を会社で保管したい場合もあるかと思います。そのような場合は、保管する目的を明確にし、応募者本人にその目的を伝え、応募者の同意を取ることが必要です。もし、同意が取れなければ、返却するか破棄をしなければなりません。

3・問題を解決することによるメリット

　履歴書を返却、もしくは破棄することで、個人情報の取扱いで問題に

なることはありません。また、個人情報の目的外使用等でトラブルに発展することもなくなります。

４・人事労務管理制度に反映させる上でのポイント

　採用の窓口を広げるために、今回採用を見送った方を採用されたいと思うタイミングもあるかと思います。そのような目的であれば応募者に目的を伝え、同意をしてくれるのであれば、リスト化することも一つの方法です。

■著者略歴

露木利行（つゆき　としゆき）　特定社会保険労務士
社会保険労務士法人Sunny Job Design 共同代表
HAPPY　MONDAY　CONSULTING　SOUTHEAST　ASIA
PTE　LTD共同代表（シンガポール現地法人）
1977年生まれ。外資系金融機関、八千代銀行（現きらぼし銀行）、株
式会社リクルート等で営業として勤務し、その後社会保険労務士事務
所開業、2016年社会保険労務士法人Sunny Job Design 共同代表に就
任し現在に至る。
著書　『最速合格！社労士テキスト＆問題集15年版、16年版、17年版』
（共著　成美堂出版）

横山要範（よこやま　としのり）　社会保険労務士
社会保険労務士法人Sunny Job Design 共同代表
HAPPY　MONDAY　CONSULTING　SOUTHEAST　ASIA
PTE　LTD共同代表（シンガポール現地法人）
1981年、愛知県生まれ。愛知産業短期大学卒業。高等学校を2年次で
中退。その後、飲食業、建設業、製造業、教材販売営業、労働者派遣
事業、海外出店支援事業、運送業など様々な職業を経験。大型トラッ
クドライバーとして勤務する中で労働問題に興味を抱き、通信制で高
等学校、短期大学を卒業後、社会保険労務士事務所開業。2016年社
会保険労務士法人Sunny Job Design 共同代表に就任し現在に至る。
著書　『最速合格！社労士テキスト＆問題集15年版、16年版、17年版』
（共著　成美堂出版）

サービス・インフォメーション
―― 通話無料 ――

① 商品に関するご照会・お申込みのご依頼
　　　　　　TEL 0120(203)694／FAX 0120(302)640
② ご住所・ご名義等各種変更のご連絡
　　　　　　TEL 0120(203)696／FAX 0120(202)974
③ 請求・お支払いに関するご照会・ご要望
　　　　　　TEL 0120(203)695／FAX 0120(202)973

● フリーダイヤル（TEL）の受付時間は、土・日・祝日を除く
　9：00〜17：30です。
● FAXは24時間受け付けておりますので、あわせてご利用ください。

人事労務担当者の勘違い　あるあるQ＆A
― 誤った法制度理解をしないために ―

2021年2月20日　　初版発行

著　　者　　特定社会保険労務士　露木利行
　　　　　　社会保険労務士　　　横山要範

発行者　　田　中　英　弥

発行所　　第一法規株式会社
　　　　　　〒107-8560　東京都港区南青山2-11-17
　　　　　　ホームページ　https://www.daiichihoki.co.jp/

労務QA　ISBN 978-4-474-07277-0 C2034（7）